Jürgen Mette

# Alles außer Mikado

Leben trotz Parkinson

Über den Autor

Jürgen Mette ist Theologe und war seit 1998 geschäftsführender Vorsitzender der Stiftung Marburger Medien. Zum 1. Februar 2013 hat er diese Position aufgrund seiner Parkinson-Erkrankung abgegeben und das Amt des stellvertretenden Vorsitzenden übernommen. Er hat einen Lehrauftrag an der Evangelischen Hochschule TABOR und engagiert sich in den Führungsgremien der Studien- und Lebensgemeinschaft TABOR, des Bibellesebunds und bei Willow Creek Deutschland; außerdem gehört er zum Hauptvorstand der Deutschen Evangelischen Allianz.
Jürgen Mette ist verheiratet und Vater von drei erwachsenen Söhnen.

Jürgen Mette

# Alles außer Mikado

Leben trotz Parkinson

Gerth Medien

# Inhalt

*Gesund ist,*
*wer noch nicht gründlich untersucht wurde.**

Manfred Lütz

* Lebenslust – wider die Diätsadisten, den Gesundheitswahn und den Fitness-Kult, Pattloch, München, 2002

*Gesund ist,*
*wer versöhnt lebt und mit seinen seelischen und körperlichen Einschränkungen zuversichtlich leben kann.*

Jürgen Mette

# Vorwort

Extrovertiert und stilsicher, ganz im Hier und Jetzt, gleichzeitig fest verwurzelt in seinem Glauben – so kennen viele Jürgen Mette. So wird er Ihnen auch in diesem Buch begegnen. Man hört ihm gerne zu, er kann begeistern. Energie, Humor und Witz zeichnen ihn aus, ebenso seine Liebe zur Musik – von Bach bis Grönemeyer. Er hat Maßstäbe und mutige Zeichen gesetzt, nicht zuletzt als geschäftsführender Vorsitzender der Stiftung Marburger Medien.

Was macht nun aber eine Krankheit wie Parkinson aus diesem engagierten Christen? Wie viel Stress bereitet ihm wohl die Einsicht, dass er selbst nicht mehr berechenbar ist, angefangen bei alltäglichen, normalen Abläufen, die plötzlich viel länger dauern als gewohnt? Wie geht er mit zunehmender Schwäche und Nervosität um? Wie lernt er, sein Leben neu zu gestalten und manches vielleicht auch in Gottes Namen loszulassen?

Eine Krankheit bleibt nicht auf Äußerlichkeiten begrenzt, so die Botschaft dieses Buches. Sein Leben lang konnte sich der gelernte Zimmermann und studierte Theologe auf sein gutes Empfinden und sein Bauchgefühl verlassen. Was aber, wenn dieses nun durch die Krankheit irritiert, vielleicht auch aus dem Lot gebracht wird? Kann man sich selbst noch trauen, und wie viel darf man sich überhaupt noch zutrauen, um nicht schwierig für andere zu werden?

Warum soll man ein Buch lesen, in dem Krankheit einen großen Raum einnimmt? Mehr als durch Erziehung und Bildungsveranstaltungen lernt man durch den tagtäglichen »Anschauungsunterricht«, den uns das Leben und andere Menschen gewähren. Bewusste und unbewusste Nachahmung prägen uns Menschen weit mehr als kognitives Lernen – nicht nur in den ersten Lebensjahren. Jeder von uns profitiert vom gelingenden, aber auch vom misslingenden Leben anderer, in Vorbild und Abgrenzung, in Widerstand und Annahme.

Und genau darum geht es in diesem Buch. Es hat die klare Botschaft: Schaut her, so geht es mir! Ich muss selber lernen, mit meiner Krankheit angemessen umzugehen, mit ihr zu leben. Das gelingt einmal besser und ein anderes Mal nicht so gut, aber ich gebe im Gottvertrauen nicht auf und ich nehme auch diese schwierige Lebensführung aus Gottes guten Händen. Ich will mich nicht zurückziehen, sondern mitten unter euch sein. Vielleicht hilft euch die Anschauung meines Lebens, eure Widrigkeiten ebenso anzunehmen und anzugehen.

Sich die Krankheit sozusagen von der Seele zu schreiben, mit ihr umzugehen, sie auch für andere aufzubereiten, sodass eigenes Empfinden und eigene Einsichten nachvollziehbar, ja sogar übertragbar werden, so verstehe ich das tiefere Anliegen seines Autors. So verstehe ich meinen Freund und Vorstandskollegen Jürgen Mette, als einen, der andere teilhaben lässt, sie mitnimmt, bis hinein in die eigene Gefühls- und Gedankenwelt – so erlebe ich ihn auch außerhalb der Buchrealität.

Wie die Krankheit das ganze Leben betrifft, so wird das ganze Leben von Jürgen Mette in seine Krankheitsgeschichte einbezogen. Das erfordert viel Mut, aber auch eine große Sensibilität. Denn als Geschäftsführer einer bekannten Medienstiftung macht man sich durchsichtig und angreifbar, wenn man seine Schwäche und die verletzlichen Seiten zeigt, einen offenen und ehrlichen Einblick in das eigene Leben und Empfinden gewährt und auch die depressiven Phasen nicht ausspart. Jürgen Mette gelingt es aber, in dem vorliegenden Buch weder einen billigen Krankheitsvoyeurismus zu bedienen, noch zu sehr ins Predigen zu verfallen. Es gelingt ihm, die eigene Erfahrung nicht zu überhöhen oder gar das eigene Leben um höherer Anliegen willen zu glätten oder zu beschönigen, sondern auf Augenhöhe zu bleiben. Respekt!

Dieses Buch erlaubt mit einem Schritt Abstand, die eigene Situation zu bedenken. Vielleicht kann ich es ebenso machen, vielleicht muss ich aber auch ganz anders handeln, kann sogar aus den dargestellten Fehlern und Einsichten lernen, bewusst oder unbewusst.

Krankheit ist der Ernstfall des Lebens, aber ebenso der Ernstfall des Glaubens. Denn plötzlich stellt sich die Frage, was das Leben ist und was es wertvoll und lebenswert macht. Ist die Krankheit nur Behinderung oder auch Chance? Ruft sie neue Einsichten, neue Sensibilität hervor oder provoziert sie eher neue Stress- und Konfliktfelder?

Krankheit ist sehr häufig auch ein Ernstfall des Glaubens. Viele Fragen drängen sich auf, ob man will oder nicht: Warum bin ich jetzt schwach, obwohl die Aufgabe alle Kraft erfordert? Was will Gott mir dadurch sagen? Warum lässt Gott das zu? Ist Krankheit vielleicht doch eine Strafe? Jürgen Mette lässt keine dieser Fragen aus, aber er zeigt auch, wie er sie sich beantwortet hat oder wie er mit ihnen lebt. Mitten in seinem Alltag und in den dunklen Stunden trifft er auf sie. Für manche Fragen hat er sein ganz eigenes Rezept entwickelt. Deshalb bleibt es in diesem Band weder dunkel noch traurig. Ganz im Gegenteil: Das Buch verbreitet Hoffnung und Licht, gewürzt mit Musik und Humor und nicht zuletzt durch Glauben und Lebensfreude.

Daher kann ich es Ihnen nur ans Herz legen.

*Ihr Dan Peter*

Kirchenrat Dan Peter leitet das Referat Publizistik und Gemeinde im Oberkirchenrat der Evangelischen Landeskirche Württemberg und ist stellvertretender Vorsitzender der Stiftung Marburger Medien.

# Prolog

Es roch immer etwas muffig in dem düsteren, kühlen Hausflur des alten Bauernhauses, sogar im Sommer. Etwas heller wurde es in der blitzsauberen Küche. Von dort aus ging es eine Stufe hoch in die gute Stube. Ein Sofa, ein Ohrensessel, der Tisch, voll mit Zeitschriften aus Landwirtschaft und Kirche, ein Harmonium – mit Pedalen unten für den Blasebalg – und eine Nähmaschine, auch mit Fußbetrieb. Das war das kleine, gemütliche Reich des Altbauern und seiner Frau. Beide waren hochbetagt, aber noch ziemlich frisch im Kopf. Sie flickte die Wäsche oder strickte Strümpfe und wusste immer viel zu erzählen. Auf dem behaglich blubbernden Holzofen stand eine Kanne Malzkaffee und meistens war auch trockener Streuselkuchen im Angebot, an dem kein Besucher vorbeikam.

Der alte Bauer – immer im grünen Lodenzeug – las viel und schwieg viel. Sie hatten das Radiogerät auf den frommen Sender »Trans World Radio« eingestellt und diese Frequenz wurde nur zu den Wettermeldungen des Landfunks verlassen. Die beiden konnten ja nicht mehr zur Kirche gehen. Da war das Radio eine bequeme Möglichkeit, sich innerlich zu orientieren und geistig frisch zu bleiben. Sie waren im Gesangbuch und in der Bibel zu Hause.

Einmal in der Woche kam ein Junge aus der Nachbarschaft und brachte was zum Lesen vorbei. Sie nannten ihn »Jirjen«. Den fragte die alte Bäuerin immer gründlich aus, obwohl sie alle Neuigkeiten aus dem Dorf längst wusste.

Der alte Bauer ging gebeugt und zitterte am ganzen Leibe. Immer wenn »Jirjen« zur Tür hereinkam, weinte der alte Mann im Lodengrün vor Freude und Rührung und wurde regelrecht geschüttelt. Er spielte gern Harmonium, aber dann war er derart aufgeregt, dass er die Tasten verfehlte. Sein Gesicht war starr wie eine Maske, so, als wären die Gesichtsmuskeln mit ihm vor Jahren in Rente gegangen. Das Sprechen fiel ihm zunehmend schwer. Immer wenn er den Mund spitzte, um ein paar Worte wie Zahnpasta aus der Tube zu pressen, musste sich »Jirjen« verschämt abwenden, weil das so komisch aussah. Aber der alte Mann trug sein Leiden mit stiller Würde. Er klagte nie, obwohl er sich kaum vom Sessel entfernen konnte.

Irgendwann in den 60er-Jahren ist der Alte in der Kammer neben dem dunklen Hausflur für immer friedlich eingeschlafen. »Jirjen« war es schwer ums Herz, als er hinter dem Sarg herlief. Der alte Bauer hat zwanzig Jahre seines Lebens gezittert. Nun hatte er endlich seine Ruhe.

**»Lieber Gott, mach bitte, dass ich nie diese Zitterkrankheit bekomme«, betete der kleine »Jirjen« abends vor dem Schlafengehen. Aber dieses Gebet muss irgendwie verloren gegangen sein.**

*

»Zieht euch ordentlich an, Jungs, heute kommt ein Ehepaar aus Kassel zum Kaffee! Das sind feine Leute. Und wundert euch nicht, der Mann ist krank.« Eine der typisch klaren Ansagen meiner Mutter, die immer gern Gäste einlud. Der Tisch im Wohnzimmer wurde mit feinem Porzellan und Silber gedeckt. Der Kaffee duftete aus der Küche und die Torten waren lecker dekoriert.

Und dann fuhren sie im Dorf vor, die Gäste aus der nordhessischen Metropole. Eigentlich waren es ganz bescheidene Leute, aber meine Mutter machte immer ein bisschen Wirbel, wenn »feine Leute« aus der Stadt zu Besuch kamen. Die Gäste saßen in einem cremefarbenen »Lloyd Alexander«, der mit der Blumenvase und Plastikblume am Armaturenbrett. Der Fahrer schälte sich mühsam aus dem Auto, seine Frau ging ihm dabei zur Hand. Der eine Arm hing wie lahm an ihm herunter, der Gang war schlurfend und schleppend. Er war um die fünfzig, aber er kam nur mühsam die Vortreppe hoch. Der Mann zitterte am ganzen Leibe. Ein Bild zum Erbarmen.

Nach der herzlichen Begrüßung ging es zum Kaffeetisch. Seine Frau knüpfte ihm liebevoll ein riesiges Lätzchen um den Hals, ein halbes Bettlaken – wie beim Friseur. Er versuchte die Tasse zum Mund zu führen, aber die Hälfte ging daneben. Und dann erst der Kuchen. Der lockere Mürbeteig fiel ihm samt der in Sahne gebetteten Erdbeeren von der Gabel. Der ganze Kaffeetisch vibrierte. Aber der Gast bewahrte die Fassung, unterhielt sich geistreich mit meinem Vater über Kirche und Welt im Allgemeinen und Theologie im Besonderen, obwohl er Vermessungsingenieur war. Er hatte seine theologische Kompetenz als ehrenamtlicher Prediger erworben. Ein zitternder Pastor, ein Tatterich auf der Kanzel, das passt eigentlich gar nicht.

Der Zittermann brachte dann doch die wackelige Kuchenprozedur einigermaßen hinter sich. Meine Mutter guckte ganz verlegen, weil sie den falschen Kuchen gebacken hatte. Platter Hefekuchen mit festem Belag hätte besser zu diesem geplagten Mann gepasst, aber das konnte sie ja nicht wissen.

Er sprach mit leiser, gebrochener Stimme, freundlich, warmherzig und mit großem Interesse am Ergehen seiner Gastgeber. Der Mann hatte Tiefgang. Er hatte nichts zu lachen, aber etwas zu sagen. Er bewahrte Stil, obwohl er mit dem großen Lätzchen wie ein Kind im Hochstuhl aussah.

Der freundliche Herr kam noch öfter in unser Haus. Und jedes Mal tat er mir so entsetzlich leid, dass ich inständig hoffte, nie solch eine erbärmliche Krankheit zu bekommen. 45 Jahre später sollte es dann doch anders kommen.

# 1.
# Die unheimliche Begegnung mit Herrn P.

»Warum zitterst du so?«

Weil es zu kalt ist auf der Wartburg in Eisenach. Ich bitte darum, Heizlüfter aufzustellen, schließlich drehen wir die Fernsehserie mitten im frostig kalten Januar. Bei Kälte zittere ich immer. Aber ich weiß, dass es andere als thermische Gründe sind, die mich fremdbestimmen. Ich wollte es nur noch nicht wahrhaben.

Direkt vor dem Altar der Schlosskapelle war eine rote Sesselgruppe aufgebaut: ein Tischchen, Stative, Gleise für die fahrbare TV-Kamera. Und wir drei Akteure dieser zwölfteiligen Gesprächsreihe: ein Professor der Theologie für Neues Testament, eine TV-Journalistin und ich als Gastgeber und Moderator. Wir bildeten mit den Kamera-, Licht- und Tonleuten, der Visagistin, dem Produzenten und Regisseur ein kreatives und improvisationsfähiges Team. Vormittags berieten wir gemeinsam das Drehbuch, nachmittags dokumentierte ich alles schriftlich und abends, wenn die letzten Touristen die Burg verlassen hatten, wurden wir in Szene gesetzt. Und dann hieß es bis Mitternacht »Kamera läuft! Ton ab!« Alles ohne

Teleprompter, diesem Gerät, das den Text auf einen Bildschirm der Kamera projiziert, damit der Moderator seinen Text vor Augen hat. Alles freihändig, möglichst druckreif und die Stoppuhr stets im Blick.

Ich hatte mich nicht für diesen Job beworben, geschweige denn ein Casting durchlaufen. Der Sender, für den ich oft Radiosendungen gemacht habe, traute mir diese Aufgabe als TV-Moderator einfach zu.

Mit dem Einstieg in die mediale Welt des bewegten Bildes begann die unheimliche Entdeckung, dass mich irgendetwas emotional und muskulär gegen meinen Willen bewegt. Das war der Anfang eines langen Weges, auf dem ich zunehmend meine Freiheit verlieren sollte. **Der geheimnisvolle Herr P. war in mein Leben getreten. Er hatte seinen Besuch längst angekündigt, aber das wollte ich nicht wahrhaben. Ich hatte die scheuen Vorboten schöngeredet.**

Die neue und alles beherrschende Frage war: Warum zittere ich eigentlich? Ich hab noch nie im Leben Lampenfieber gehabt.

Mit 18 stand ich als Sänger der Musikgruppe unseres christlichen Jugendkreises zum ersten Mal auf der Bühne. Als 22-Jähriger war ich Frontmann einer Studentenband, mit 25 Jahren Dirigent eines Jugendchores, und von da an habe ich fast jeden Sonntag auf irgendeiner Bühne oder Kanzel gestanden. Ich habe nie vor und schon gar nicht während eines Bühnenauftritts gezittert.

Jetzt nehme ich es wahr. Das Zittern wird latent, bisher war es nur in Stresssituationen akut. Jetzt nistet es sich ein, etabliert sich, manifestiert sich. Meine linke Hand zittert und ich kann es nicht verbergen. Meine Muskeln machen sich selbstständig. Irgendeine Schaltung im Gehirn macht, was sie will. Irgendein Prozessor jagt mir Zuckungen in den Arm, dem ich eigentlich den Auftrag erteilt hatte, mir eine Gabel Pasta in den Mund zu schieben. Und wenn die Pasta in Tomatensauce gebadet hat, ist das Ergebnis dieser unklaren Kommandostruktur eine ziemlich unansehnliche Sache. Wo ich doch so gern Spaghetti esse und auch gern weiße Hemden trage.

Irgendein Teil meines Nervensystems spinnt und verweigert mir zunehmend den Gehorsam. Ich bin nicht mehr selbstbestimmt. Ich teile die Steuerung meiner Bewegungsabläufe mit einer mir unbekannten Macht. Da hört nicht irgendeine Körperfunktion auf zu funktionieren; darauf könnte ich mich ja vielleicht noch einlassen. Was mich so verrückt macht, ist die Entdeckung, dass mein Organismus ohne mein Einverständnis eine neue Motorik entwickelt, die nicht nur völlig überflüssig und unbrauchbar ist, sondern auch furchtbar lästig. Wer braucht die zusätzliche Fähigkeit, am ganzen Leib zu zittern? Der virtuose Violinist vielleicht, der beim Vibrato eine zittrige Hand am Griffbrett nötig hat, aber doch nicht ich. Was ist das? Und warum kann ich diesem unheimlichen Muskelwahnsinn nicht mit einem klaren Befehl aus dem Gehirn den Saft abdrehen? Ich kann diesen Reflex nicht abstellen. Es gibt keinen Schalter. Ich ahne, was Menschen mit Restless-leg-Syndrom durchmachen, die, sobald sie sich hinlegen, unruhige Beine bekommen und keinen Schlaf finden.

»Na, was fehlt dir denn?« »Mir fehlt nichts! Im Gegenteil, ich kriege einen zu viel. Ich habe noch eine Körperfunktion dazubekommen. Ich kann zittern, ohne dass mich einer mit der Waffe bedroht.«

Das konnten bisher nur zwei: der Schweizer Schauspieler Bruno Ganz, der in dem Film »Der Untergang« den parkinsonkranken Adolf Hitler spielte. Wie hatte der diesen permanenten Reflex bloß trainiert, den ich mir so gern abtrainieren würde?

Und das kann in hinreißend komischer Perfektion der fränkische Comedian Volker Heißmann vom Kabarett-Duo »Heißmann und Rassau« aus Fürth, wenn er »das Mariechen« spielt, eine kauzige Zitteroma. Das ist der beste Parkinsonimitator überhaupt. Nur, der kann den Tatterich hinter der Bühne abstellen. Ich nicht!

Das alles verunsichert mich heftig. Aus Verunsicherung wird Angst, aus Angst wird Panik, aus Panik wird Zorn. Und Zorn klingt nur ab, wenn sachliche Informationen die Emotionen runterkühlen. Darum gab ich nachts im Hotelzimmer auf der Wartburg das Stichwort »Parkinson« in eine Internetsuchmaschine ein und las zum ersten Mal etwas über diese Krankheit. Nur ein paar Fragmente. Schnell wieder raus aus den Fachartikeln und der Selbsthilfe-Betroffenheitsliteratur. Ich will mich nicht damit befassen. Das würde mich nur runterziehen. Aber ich verlasse den Laienstand und unterziehe mich widerwillig dieser medizinischen Lektion. Ich lerne einige Symptome namentlich kennen, die mich für den Rest meines Lebens beschäftigen werden.

Tremor? Nie gehört. Was ist das? Zittern im Ruhezustand. Na ja, immerhin besser als gelähmt.

Dopamin? Ein biogenes Amin aus der Gruppe der Katecholamine. Verstehe! Ein wichtiger Neurotransmitter, im Volksmund auch Glückshormon genannt. Damit bin ich offenbar reichlich gesegnet, ich glückliche Frohnatur, so meine erste laienhafte Wahrnehmung. Tatsache ist allerdings, dass es mir an Dopamin fehlt. Das Gleichgewicht der verschiedenen Botenstoffe ist gestört.

Transmitter? Botenstoffe? Ich wusste gar nicht, dass das Zeug mobil ist. Was man jetzt alles erfährt.

Meine laienhafte Phantasie malt sich aus, dass diese Botenstoff-Spediteure streiken. Wegen Eiweißablagerungen in den Gehirnzellen? Klingt eigentlich gar nicht so gefährlich. Morgen früh lieber kein Frühstücksei köpfen? Quatsch! Eiweiß im Hirn hat nichts mit Eiweiß in der Omelette-Pfanne zu tun.

Ich falle in die Kissen des komfortablen Hotelbetts, schreie lautlos zu Gott und finde keinen Schlaf. Der geheimnisvolle Herr P. ist in mein Leben getreten. Ich schieße mich zornig auf ihn ein, personifiziere ihn, nenne ihn beim Namen. Dieser P. scheint fest entschlossen zu sein, mich zu einem Behinderten zu machen. Für immer!

Wer bist du, Unbekannter?

Wann hast du dich heimlich in mein Leben geschlichen?

Wo hast du dich so lange versteckt, du Dämon der alten Leute, du Quälgeist der Tattergreise?

Hau gefälligst ab, du Undercover-Agent der neuen

dementen Gesellschaft! Du kommst viel zu früh. Melde dich noch mal, wenn ich 80 bin. Da zittern fast alle.

Wer gibt dir das Recht, in meinem Kopf Blockaden zu errichten?

Was geht dich der Eiweißgehalt meiner Gehirnzellen an, Fremder?

Wer hat dir erlaubt, meine Dopamin-Transmitter heimlich zu beeinflussen, sodass diese ihre Transportarbeit zunehmend verweigern? Warum hast du diese treuen Arbeiter in meinem Kopf gegen mich aufgehetzt? Gehen die nach und nach alle in den unbefristeten Streik?

P., ich hasse dich! Und ich werde dich täglich verachten. Ich denke nicht daran, mit dir mein Leben zu teilen. Ich dementiere die Demenz, du Totengräber der Hoffnung auf einen schönen Ruhestand.

Was wollte ich nach dem aktiven Berufsleben noch alles tun! Meinen Söhnen Häuser bauen oder Wohnungen einrichten, unser eigenes Haus gründlich renovieren, den Garten neu anlegen – endlich so, wie meine Frau es sich seit 30 Jahren wünscht. Sie hat romantische Gartenphantasien – bei mir muss es praktisch sein. Sie träumt von Rosenlauben, während ich frage, ob das alles rasenmäherkompatibel ist. Ich gehe gern mal mit der Kettensäge in den Garten, sie mit der Rosenschere. Aber im Ruhestand wollte ich sie glücklich machen, dann sollte sie ihren Traumgarten bekommen.

Und Europareisen wollte ich machen: Fahrradtouren von Passau nach Wien und die E-5-Bergtour von Meran nach Oberstdorf oder den GR 20 von Calenzana nach

Conza auf Korsika. Warum habe ich die schönen Dinge des Lebens immer vor mir hergeschoben?

Nun kann ich diesen Wunschzettel auf ein Seniorenprogramm zusammenstreichen. Als Fahrradfahrer – vielleicht bald mit dem E-Bike – auf der Rentnertrasse an der Lahn entlang und mit der Seilbahn auf die Zweitausender.

Wie habe ich früher über die Turnschuh-Alpinisten mit ihren Spazierstöcken und Trachtenanzügen gelästert, wenn sie – mit Kameras behangen – aus der Gondel auf die Terrasse der Bergstation gespuckt wurden, um ein paar Meter Trampelpfad mit ihrer Leibesfülle zu verdichten und der ohnehin strapazierten und kümmerlichen Flora den Rest zu geben. Bin ich auch bald einer dieser schnaufenden Edelweißkameraden, die oberhalb der Baumgrenze ihr Hefeweizen schlürfen und deftigen Schweinsbraten mit Knödeln verdrücken? Noch schnell ein Gruppenbild vor der grandiosen Bergkulisse und dann ab in die Gondel talwärts.

Inzwischen schäme ich mich für solche Spötteleien. So schnell kann es gehen, dass man von der bösartigen Karikatur in die Wirklichkeit eines betagten oder behinderten Menschen befördert wird. Diese Einsicht tut weh und stopft endgültig das Lästermaul. Welch langweilige Perspektive für meine unerfüllten alpinen Träume …

Inzwischen lerne ich zaghaft, mit der Heimtücke dieser bescheuerten Krankheit zurechtzukommen. Ich beginne mich allmählich dem deprimierenden Befund zu stellen. Das ganze Ausmaß der potenziellen Symptome ist mir zum Glück noch verborgen.

# 2.
# Signieren statt resignieren!

Im Sommer 2011 las ich das Buch eines an Parkinson leidenden Autors. Zunächst war die Lektüre sehr berührend, doch irgendwann spürte ich einen depressiven Sog. Das Buch zog mich runter. Am Ende war mein Gemüt so belastet, dass meine Frau mir riet, das Buch wegzulegen. Und plötzlich war da auf einmal die Idee, es selbst einmal zu versuchen. Statt zu resignieren, könnte ich selbst signieren, zeichnen, kenntlich machen.

An meinem 60. Geburtstag hielt unser ältester Sohn eine bewegende Rede für mich. Er sagte: »Vater, wir wollen bald ein Buch von dir sehen!« Das war der zweite Impuls, jetzt deutlicher und klarer als vorher.

Schließlich habe ich mich vom Verleger ermutigen lassen, etwas von meinen Erfahrungen mit P. niederzuschreiben, obwohl ich noch eine lange Wegstrecke vor mir habe und es mir bis heute relativ gut geht. Aber jetzt bin ich so weit.

Ich schreibe keine Memoiren. Wer das tut, hat laut Oscar Wilde etwas zu verbergen. Ich habe keine Lust, mein Leben öffentlich zu machen. So spektakulär ist es ja auch nicht. Außerdem gibt es viel dramatischere Lebensschicksale, viel schwerere Krankheiten, viel traurigere Parkinsonverläufe. Ich habe gerade das Buch von Samuel Koch* gelesen, dem schwer verunglückten »Wetten, dass..?«-Kandidaten. Der Mann hat was zu berichten. Sein Schicksal lässt mich zweifeln, ob meine Krankheitsgeschichte überhaupt lesenswert ist.

Und was ist, wenn alles schlimmer wird und ich vielleicht meinen Job nicht mehr ausüben kann? Wenn existenzielle Sorgen dazukommen? Was ist, wenn das Trostbuch auf den Markt kommt und der Tröster inzwischen nicht mehr ganz bei Trost ist?

Ich schreibe auch keine Autobiografie. Die eigentlichen Reifeprüfungen des Lebens liegen wahrscheinlich erst noch vor mir. Wer weiß, ob ich sie bestehe? Soll ich jetzt schon schreiben, wo alles noch so frisch ist, so unausgegoren, so unzureichend geprüft?

Schluss mit diesen Fragen! Ich schreibe heute für heute und nicht morgen für übermorgen.

Ja, ich wage es! Wenn ein paar Leidensgenossen Zuversicht gewinnen, wenn ein paar Leser wieder Vertrauen in den Gott finden, der gesagt hat: *»Ich bin der Herr, dein Arzt!« (2. Mose 15,26)*, dann lohnt sich jedes Wort, dann ist nichts vergeblich. Und eine Einsicht hat sich jetzt schon eingestellt: Wer schreibt, entschuldigt sich für das, was er voreilig mündlich rausgehauen hat. So verarbeite ich schreibend meine Krankheitsgeschichte – vor allem in der Hoffnung, andere zu ermutigen.

* Christoph Fasel, Samuel Koch – Zwei Leben. adeo, Asslar, 2012

Der dänische Philosoph Sören Kierkegaard (1813–1855) schrieb 1848 in seinen »Christlichen Reden«, dass die Sorge für morgen eine zutiefst heidnische Lebenseinstellung ist. Der Christ lebt im Heute.

*»Der nächste Tag ist ein ohnmächtiges Nichts, wenn du ihm nicht selbst deine Kraft leihst… Dieser nächste Tag, dem der Heide mit Grauen entgegengeht, widerstrebend wie einer, der zur Richtstätte geschleppt wird… So verzehrt der Heide sich selbst, oder so verzehrt ihn der nächste Tag.«**

Ich lebe heute! Alles andere ist »Heidenangst«, von der ich mich schreibend distanzieren will. Das »Ich-mache-mir-Sorgen« kann ich zweifelnd und staunend im Glauben überwinden. Die Sorgen kommen ja nicht mysteriös über mich – ich »mache« sie mir. Ich generiere mir täglich eine Dosis Sorgen. Das ist heidnisch! Und das macht krank.

**Ich schreibe diese Zeilen in der Motivation, einige auf die Reise von der Verzweiflung zur Hoffnung mitzunehmen.** Vielleicht wird dieses Buch ja gerade auch von denen entdeckt, die enttäuscht sind und den Glauben an den »lieben Gott« verloren haben. Dieses Buch soll die Leser »ent-täuschen«, die Täuschung beenden.

Dieses Kapitel entsteht gerade in Heidelberg, wo unsere beiden ältesten Söhne mit ihren Familien leben. Meine Enkelkinder begeistern mich. Sie befeuern meine Motivation und Inspiration für dieses Projekt.

* Zitiert von Christian Möller im Aufsatz »Es ist genug, dass jeder Tag seine eigene Plage habe«, im Deutschen Pfarrerblatt, Heft 4 2012

Sie lernen gerade den aufrechten Gang – ich verliere ihn langsam.

Sie generieren immer mehr Gehirnleistung – meine degeneriert.

Sie klettern überall hoch – ich bleibe am Boden.

Sie wollen das Leben entdecken – ich möchte es wenigstens auf erträglichem Niveau halten.

Wie oft habe ich von Bergtouren mit meinen Enkelkindern geträumt. Jetzt bin ich schon froh, wenn ich mit ihnen den Philosophenweg oberhalb des Neckars hochkomme. Meine Zeit läuft weg. Die Zeit meiner Enkelkinder kommt. Darum schreibe ich. Gegen die Resignation!

Ich widme dieses Ermutigungsbuch denen, die mich ermutigt haben, allen voran meiner Familie und meinen Neurologen, aber auch meinen Parki-Genossen.

Als bekennender Christ setze ich die Existenz Gottes voraus und zitiere die Bibel ganz unbekümmert. Mir ist allerdings bewusst, dass ich manchen Lesern damit einiges abverlange. Sie sind es aber, die ich bei der Arbeit an diesem Buch vor Augen habe: offene, kritische und suchende Zeitgenossen. Und sie sollen wissen, dass ich nicht beabsichtige, sie zu bekehren. Ich lade die Kritiker des Glaubens bewusst ein, meine christliche Überzeugung skeptisch zu prüfen und mich beim Wort zu nehmen. Ich will gar nicht überzeugen. Aber ich will *bezeugen,* dass die Krise das Klima ist, in dem der Glaube keimen, wachsen und Früchte tragen kann. Mein Leben ist ohne Vertrauen in die Existenz Gottes nicht denkbar.

Allerdings bin ich überzeugt, dass die Lektüre dieses Buches auch dann Sinn macht, wenn der Leser vom Gegenteil ausgeht, nämlich dass die Sache mit Gott ein Phantasieprodukt ist.

# 3.
# Ein feste Burg

Zurück zur Wartburg, dorthin, wo Martin Luther vor 500 Jahren eine wesentliche Epoche der Reformation seiner Weltanschauung und seines gesamten theologischen Denkens erlebt und erlitten hat. Kaiser Karl V. hatte Luther nach seinem mutigen Auftritt vor dem Reichstag in Worms zwar zum Ketzer erklärt, aber er hatte ihm freies Geleit zugesichert. Als Luther am 4. Mai 1521 nahe Eisenach überfallen und entführt wurde, wusste er nicht, dass dieser Überfall nur fingiert war, um ihn im Auftrag Friedrichs des Weisen vor den Mordabsichten Dritter zu schützen.

Luther wurde auf die Wartburg zu Eisenach gebracht, wo er im Schutz dieser imposanten Festung das Neue Testament in die deutsche Sprache übertrug. Die einfachen Leute – ohne lateinische Sprachkenntnisse – sollten mündige Leser der Bibel werden. In nur drei Monaten stellte er dieses anspruchsvolle Projekt fertig. Im Frühjahr 1522 wurde das Werk in Druck gegeben und im September kam es ohne Nennung des Übersetzers in die Hände der wenigen, die damals lesen konnten. Die Erstauflage betrug 3000 Stück und war innerhalb kürzester Zeit vergriffen.

Genau dort zittert sich 500 Jahre später ein unbedeutender Theologe aus der sicheren Festung seines erfolgsverwöhnten Lebens in die bis dahin gänzlich fremde Welt einer chronischen Erkrankung. Mein Burgerlebnis. Erste Bekanntschaft mit dem unangenehmen Herrn P., dem Initiator der Schüttellähmung, der nicht nur meinen Körper schütteln wird, sondern auch meine Seele und meinen Geist mitsamt dem so sicher geglaubten theologischen Fundament.

»Ein feste Burg ist unser Gott, ein gute Wehr und Waffen.« Vielleicht hatte Luther das Bild der Festung Wartburg vor Augen, als er diesen Klassiker der Kirchenmusik irgendwann zwischen 1521 und 1530 schrieb. Anlass für den wuchtigen und triumphalen Text waren entweder die heranziehende Pest oder die nahenden osmanischen Invasoren. Wenn heute alle Strophen dieses trotzigen Klassikers inbrünstig geschmettert werden, wird mir bei einem bestimmten Vers immer ganz seltsam zumute. Mir fällt es schwer, die folgende Strophe zu singen:

*»Nehmen sie den Leib, Gut, Ehr, Kind und Weib: lass fahren dahin, sie haben's kein' Gewinn, das Reich muss uns doch bleiben.«**

Nein, diese starken Lippenbekenntnisse sind durch meinen kleinen Glauben nicht gedeckt. Da schweige ich lieber betreten. Vielleicht bin ich in zehn Jahren so weit, dass ich Gott singend bitte, mir meinen Zitterleib abzu-

* Jesus unsere Freude, Gemeinschaftsliederbuch, Brunnen-Verlag, Gießen, 1995, S. 593

nehmen. Luther verkörpert die »feste Burg«, ich nicht. Für mich ist das Wartburgerlebnis der Anfang einer zunehmend brüchigen Lebensfestung. Wart, Burg, ich will die Lektion lernen, die mir in deinen Mauern gestellt wurde.

Von der historischen Wartburg zurück zur Wartburg als Filmkulisse.

Beim nächsten Dreh in der Burgkapelle verkeile ich meine Beine unter dem Tischchen, klemme die zittrige Hand zwischen Sessel und Oberschenkel und gestikuliere nur mit rechts, weil links das Zittern nicht zu bändigen ist. Die ersten sechs Folgen sind im Kasten. Um Mitternacht schlurfe ich müde über die dicken Teppiche des altehrwürdigen Hotels. Ich bekomme die Füße nicht mehr richtig hoch. Man hört mich kommen und gehen.

Beim Frühstück: gute Miene, Nettigkeiten, belanglose Konversation, um meine innere Not zu verbergen. Traumhafter Blick auf den tief verschneiten Thüringer Wald. Ein gekochtes Ei, wie immer. Ich pfeife auf die Eiweißablagerungen in meinem Hirn. Jetzt ist es sowieso zu spät. Öfter mal ein Ei erspart mir vielleicht einen langen Leidensweg. Keiner ahnt, wie es in mir brennt. Aber ich fühle mich beobachtet. Lieber einhändig frühstücken, sicherheitshalber. Zum ersten Mal im Leben bin ich richtig froh, Rechtshänder zu sein. Krawatte muss nicht mehr sein, die Feinmotorik klemmt beim Binden der textilen Männerzierde. Shampoo beim Duschen in die dezent angegraute Mähne verteilen? Mit links geht es oberhalb der Schultern nicht mehr so richtig.

Beim Mittagessen zittert die ganze linke Seite. Reis und Nudeln fliegen erstmals auf halber Höhe von der Gabel. Fleisch und festgekochte Kartoffeln sind kein Problem. Da kann man zustechen, aber drei Erbsen auf einer Gabel balancieren, das ist Tischakrobatik der gehobenen Klasse. Ab jetzt wird Reis nur noch mit dem Löffel verspeist. Was macht bloß ein an Parkinson leidender Asiate mit seinen Stäbchen? Richtig, er nimmt sie, um den Ofen anzuschüren.

Meine sonst so markante und laut vernehmliche Baritonstimme wird leise und brüchig, und zwar immer dann, wenn ich emotional bewegt bin – und das bin ich ständig. Die Tränen sitzen locker wie nie. Ich bin laufend »liquide«.

Beim zweihändigen Schreiben am PC gerät die Synchronisation der Hände durcheinander. Links wird langsam. Handschriftliche Notizen beginnen für andere unleserlich zu werden. Was soll's? Damit kann ich leben.

Schade! Ich kann den Komfort und die Stimmung dieses romantischen Burghotels kaum genießen. Das tolle Essen spricht mich nicht an. Ein totaler Ausfall für mich Feinschmecker. Ich rufe meine Frau an und melde, dass es mir richtig schlecht geht. Sie findet liebe Worte für mich.

**In jenen Nächten stand erstmalig das Gespenst namens »morbus parkinson« an meinem Bett und grinste mich höhnisch an.** Ich wusste nichts über die Krankheit, aber ich wusste, dass ich sie habe, besser: dass sie mich hat. Ich schlief mit Panik ein und wachte mit Panik auf. In vier Tagen waren zwölf Folgen im Kasten. Die Regie war trotz meiner Zitterpartie zufrieden.

Mit dem beklemmenden Gefühl, dass der Rest meines Lebens von diesem Wartburgerlebnis bestimmt sein würde, fuhr ich durch die wunderschöne Winterlandschaft des Thüringer Waldes zurück nach Marburg.

Diese Strecke war im Jahr 1228 die junge Witwe Elisabeth von Thüringen mit ihrer Magd Guda und ihren beiden Kindern von der Wartburg bis nach Marburg gelaufen, um sich dort um die Schwachen und Kranken zu kümmern. Das heutige so selbstverständliche Hospitalwesen geht auf die »Heilige Elisabeth« zurück, auf ihr Mitleid mit den Armen und ihre leidenschaftliche Hingabe an die Verwahrlosten ihrer Zeit. Jedes Mal, wenn ich an Eisenach vorbeifahre, bin ich im Geist bei dieser starken Frau, die infolge der unzureichenden hygienischen Bedingungen bereits im Alter von 24 Jahren starb. Sie verzehrte sich für ihre Patienten restlos, aber ihr Lebenszeugnis steht mir täglich vor Augen, wenn ich auf dem Weg zur Arbeit die nach ihr benannte Elisabethkirche sehe. Das soll im letzten Lebensviertel auch mein Bestreben sein: Menschen wohlzutun, die in ihrem Leben viele Gründe hatten, an der Gerechtigkeit Gottes zu zweifeln. Nicht mehr so streitbar und fundamental wie der große Reformator Martin Luther, aber ganz im Sinne eines ihm zugeschriebenen Textes:

»Mir ist es bisher wegen angeborener Bosheit und Schwachheit unmöglich gewesen, den Forderungen Gottes zu genügen. Wenn ich nicht glauben darf, dass Gott mir um Christi willen dies täglich beweinte Zurückbleiben vergebe, so ist's aus mit mir. Ich muss verzweifeln.

Aber das lass ich bleiben. Wie Judas an den Baum mich hängen, das tue ich nicht. Ich hänge mich an den Hals oder Fuß Christi, wie die Sünderin. Ob ich auch noch schlechter bin als diese, ich halte meinen Herrn fest.

Dann spricht er zum Vater: Dies Anhängsel muss auch durch. Er hat zwar nichts gehalten und alle deine Gebote übertreten, Vater, aber er hängt sich an mich. Was will's? Ich starb auch für ihn, lass ihn durchschlüpfen. Das soll mein Glaube sein.«

In den Tagen auf der Wartburg beginnt aber auch meine Flucht vor der Diagnose. Herr P. hat sich in meinem Gehirn häuslich eingerichtet. Er wohnt zur Miete, bezahlt nicht, benimmt sich aber wie der Wohnungseigentümer. Das kann ich doch nicht zulassen. Und wenn Gäste kommen, dann führt er mich hinterlistig vor und lässt mich alt aussehen. Bevor ich auf einen Menschen zugehe, befeuert er meine Muskeln mit falschen Informationen. Wenn ich um Fassung und einen standfesten Auftritt ringe, höre ich ihn höhnisch hinter meinem Rücken lachen. Mit großer Befriedigung hört er Sätze wie »Du hast dich irgendwie verändert!« Ich leide furchtbar an solchen Bemerkungen.

Er will wohl langfristig bleiben, der unerwünschte Gast. Herr P. übernimmt klammheimlich die Regie meines Lebens. Aber seine Möglichkeiten sind berechenbar. Er hat sich die Zugangsrechte zu meiner Hülle erschlichen, zum funktionellen Apparat, zum Steuerungssystem zwischen Gehirn und Muskeln. Aber zum Prozessor hat er keinen Zugang. Mein Herz und Wesen sind bereits besetzt. Da hat sich längst ein anderer niedergelassen. Kein Zutritt für Herrn P.!

Ich lerne zu akzeptieren, dass ich das Muskelmanagement künftig mit diesem üblen Genossen teilen muss, aber ich weiß auch um die Sperrbezirke, in die er nicht vordringen darf. Doch richtig sicher bin ich mir auch da nicht. Umso überzeugter kann ich allerdings im Rückblick auf mein Wartburg-Trauma mit Luther bekennen:

**»Und wenn die Welt voll Teufel wär und wollt uns gar verschlingen, so fürchten wir uns nicht so sehr, es soll uns doch gelingen!«***

* Jesus unsere Freude, Gemeinschaftsliederbuch, Brunnen-Verlag, Gießen, 1995, S. 593

# 4.
# Den Vorboten verboten

Die Brüche unserer Lebensgeschichte kündigen sich manchmal durch Vorboten an. Sie warnen diskret, klopfen von Zeit zu Zeit an die Tür unseres Gewissens und tauchen auch schon mal auf, wenn wir sie gar nicht erwarten. Wir ahnen zwar die Folgen und Spätfolgen unseres ungesunden Lebensstils, verbieten den Vorboten aber, uns zu sensibilisieren, und verdrängen die nötigen Konsequenzen. Und so ziehen sie sich taktvoll zurück und überlassen uns unserem Schicksal. Gottes Boten drängen sich nicht auf, sie respektieren unser Recht auf ein freies und selbstbestimmtes Leben. Erst viel später erkennen wir in diesen dezenten Vorboten die Stimme Gottes.

Irgendwann in meinen frühen Fünfzigern stellte ich fest, dass ich mein Riechvermögen verloren hatte. Umgebungsgerüche konnte ich nicht mehr wahrnehmen und nicht differenzieren. Registrierte die feine Nase meiner Frau unterwegs einen »jauchzenden« Bauern, dessen Gülle-Tankwagen vor uns auf der Straße eine herbe Duftnote hinterlassen hatte, so konnte ich nur achselzuckend feststellen, dass ich außer dem Parfüm meiner Liebsten gar nichts roch. Hatte ich beim letzten Schnupfen womöglich etwas zu heftig mit ätherischen Ölen inhaliert?

So habe ich das Problem einfach weggedrückt. Heute weiß man, dass der frühe Verlust des Riechvermögens in vielen Fällen Vorbote einer neurologischen Erkrankung sein kann. Das war kein nasales Problem, denn ich konnte ja alles schmecken. Der Verlust des Geruchsinns hatte im Gehirn stattgefunden. Heimlich. Herr P. hatte irgendeine Leitung abgeklemmt. Was klemmt er demnächst ab, dieser Diabolos in meinem Hirn, dieser miserable Elektriker? Geht der eigentlich systematisch vor oder ist er chaotisch?

Nichts riechen zu können kann zuweilen ganz vorteilhaft sein, manchmal ist es aber auch ziemlich peinlich. Doch ich bleibe locker. Hauptsache, die Geschmacksnerven arbeiten ordentlich und ich kann weiter die liebliche Duftnote meiner Frau erkennen.

Ein weiterer Vorbote war die Störung meines Gleichgewichts. Wann immer ich vom Sitzen in die Vertikale wollte, musste ich mich schwankend ausbalancieren. Ich bin ja gelernter Zimmermann. Für diesen Beruf muss man absolut schwindelfrei sein. Wie oft bin ich früher in schwindelnder Höhe ohne Fangnetz völlig trittsicher über das Gebälk gelaufen. Das war ein Höchstmaß an Körperkontrolle, besonders wenn man schwere Balken auf der Schulter hatte. Nun schwankt die Achse des aufrechten Gangs. Und immer schwingt die Sorge mit, man könnte mich für betrunken halten.

Ein anderer Vorbote meldete sich beim Schwimmen, wo ich nur mit Mühe einen graden Kurs halten konnte.

Ich schwamm immer Linkskurven. Ich auf Linkskurs? Da hatte Herr P. einfach mal den inneren Kompass manipuliert.

Aber ich habe die Signale verdrängt, habe den Vorboten verboten, mich früh zu warnen.

Ein anderes Ereignis warnte mich im Oktober 2008. Einer meiner Vorstandskollegen wurde als Rektor eines großen Diakoniewerkes in Mittelfranken in den Ruhestand verabschiedet. Nach einer Reihe mehr oder weniger unterhaltsamer Redebeiträge folgte mein Auftritt, der eigentlich locker und freihändig kommen sollte. Als ich meine Laudatio vortragen wollte, hatte ich mein Urerlebnis: eine derart heftige Zitterattacke, dass ich mit kesser Lippe, aber auch mit schlotternden Knien eine erbärmliche Figur abgab. Ich war dort als Referent gut bekannt, sodass sich viele Sorgen um mich machten und sich erkundigten, ob alles in Ordnung mit mir sei. Mit gespielter Stärke wies ich da noch alle Fragen zurück. Nein, mir geht es gut! Nach dem Auftritt war ich wieder im souveränen Bühnenmodus, ein Meister im Verdrängen kleiner Schwächen. Bloß nicht so viel Theater machen. Ich bin doch immer wieder schnell auf die Beine gekommen.

Körperlich und seelisch ging es mir eigentlich meistens gut. Sicher, es gab unterschiedliche Tagesformen, aber von zwei Fahrradstürzen abgesehen war ich so gut wie nie krank. Und die Stürze wären vermeidbar gewesen, wenn ich vernünftig gefahren wäre.

Es kam selten vor, dass ich mich so richtig schwach fühlte. Dafür habe ich viel zu gern und motiviert gearbeitet. Mein Ego hat es stets genossen, wenn man mich 50er für einen 40er gehalten hat. Doch nun war sie da, die geheimnisvolle und unberechenbare Krankheit, die den gefühlten Vorsprung ewiger Jugend drastisch verkürzen sollte. Und auf einmal sah ich so alt aus, wie ich tatsächlich war. Und vor allem fühlte ich mich auch so.

Einen Tag nach meinem »Urerlebnis« sollte die Hochzeit unseres zweiten Sohnes stattfinden. Die beiden Glücklichen hatten mich gebeten, sie zu trauen. Ich war auf das Schlimmste eingestellt und rechnete damit, dass der Trauakt vor dem Altar ein Zitterdesaster werden würde. Aber alles ging gut! Es war ein wunderbares Fest. Und wieder war mir ein weiterer Aufschub der Sorge ermöglicht worden.

Viele körperliche und seelische Leiden entwickeln sich verborgen. Ein Karzinom sendet meist keine Frühwarnsignale. Andere Leiden kündigen sich früh an. Bluthochdruck, Übergewicht, Schlaflosigkeit und auffällige Geräusche im Ohr melden Warnsignale, aber wir laufen Gefahr, diese »kleinen Propheten« zu ignorieren. Und wenn wir nicht auf die Körpersignale hören, dann haben wir immer noch unsere Familie und enge Freunde, die uns sagen: »Eine Kugel Eis reicht!« Oder: »Nie den Teller nachfüllen!« Oder: »Abends einfach auf Kohlehydrate verzichten.« Oder: »Versuch's mal eine Woche ohne Wein.«

**Wer den Vorboten und Boten das Wort verboten hat, lebt riskant. Jeder ist frei, sie zu ignorieren, aber wir sollten wenigstens wissen, dass die Engel schon mal zu Besuch waren.**

# 5.
# Auf der Flucht vor der Diagnose

Wenn ich heute mit unseren Schwiegertöchtern, die beide in therapeutischen Berufen tätig sind, Kaffee trinke, erinnere ich mich manchmal daran, wie sie mich zum ersten Mal darauf aufmerksam machten, dass ich einen Tremor hätte und das unbedingt abklären lassen müsse.

Ihnen war längst aufgefallen, dass der Weg der zierlichen Tasse vom Tisch zum Mund nicht ganz normal verlief. Tremor? Ein typisches Symptom für Parkinson? Das hatte ich damals bei meiner panischen Internetrecherche in der Nacht auf der Wartburg zwar registriert. Doch seinerzeit war ich derart verunsichert und gestresst, dass ich meinen Rechner nach ein paar Klicks ganz schnell wieder runterfuhr. Zu der Zeit wollte ich das überhaupt nicht wahrhaben. Vielleicht war ich einfach nur total erschöpft.

35 Berufsjahre im bundesweiten Vortrags- und Beratungsdienst, seit 2002 Vorstandsvorsitzender einer Medienstiftung und Lehrbeauftragter an einer evangelischen Hochschule – mit 57 Jahren darf man doch wohl mal zittern, schließlich war ich schon Großvater.

Parkinson, das konnte doch gar nicht sein. Immer wieder fiel mir Papst Johannes Paul II. ein, der an Ostern und

Weihnachten auch dann noch den Segen sprach, als er schon stark von seiner Parkinsonerkrankung gezeichnet war. Es hat mich immer tief berührt, wie dieser Mann sein Leiden so vorbildlich getragen hat. Doch davon fühlte ich mich nun wirklich weit entfernt. Warum sollte ausgerechnet ich, ein Ausbund an Gesundheit, von dieser »Krankheit der alten Leute« betroffen sein?

Eine so bedrängende Frage kann man nicht nebenher beantworten. Ich musste mal raus aus dem Trott. Also flog ich mit meiner Frau im Winter für drei Wochen ans Tote Meer. An einem der tiefsten, »totesten« und heißesten Orte der Welt würde mir das Zittern schon vergehen, dachte ich. Ich war oft dienstlich in Israel gewesen, aber jetzt ging es nicht um andere, die ich durch das Heilige Land führen sollte. Jetzt ging es allein um mich. Es war lange genug immer nur um andere gegangen.

Wir wanderten zweisam durch die einsame Wüste, völlig abseits der Touristenströme. In sengender Hitze durchquerten wir die Oase im Wadi Ein Bokek hinauf Richtung Arad. Als ich mit Walkingstöcken am Toten Meer entlanglief, starrten mich die Jogger belustigt an. »Are you waiting for snow, Sir?« – »Yes, I do!« Wir lagen ausgiebig in der Sonne, die 422 Meter unter dem Meeresspiegel wunderbar wärmt, ohne die Haut zu verbrennen. Zwischendurch nahmen wir immer wieder Bäder in der schweren Salzlauge des Toten Meeres, trieben regungslos auf der Wasserfläche. Lesen, beten, schweigen, früh zu Bett gehen – das war unser Tageszyklus. Die bromhaltige Luft machte herrlich müde. Wir genossen die totale Regeneration. Wenn ich hier nicht die Zitterpartie überwinden sollte, wie und wo und wann dann? Bei der Massage sprach mich die Therapeutin auf den Tremor an: »Lassen Sie das bald abklären!«

Da war es wieder, das Gefühl, ausgeliefert zu sein an diese neue Gewaltenteilung in meinem Leben. Bevor wir Krankheit als körperliche Fehlfunktion wahrnehmen, wird uns der Verlust der Freiheit bewusst. Darum ist jedes organische Leiden immer auch ein psychosomatischer Befund, eine den Leib und die Seele betreffende Krise. Unsere göttliche Bestimmung ist ein Leben in Freiheit. Wir sollen versöhnt und nicht mehr in teuflischer Abhängigkeit leben. Jede Krankheit dagegen beginnt mit dem Verlust an Freiheit. Wir begeben uns zwangsläufig in die Abhängigkeit von Lebensmitteln oder Medikamenten, die das imitieren, was uns fehlt, oder das bekämpfen, was uns zerstört. Ich leide nicht an Parkinson, ich leide am Verlust meiner Freiheit.

Wieder zu Hause gab ich dem Drängen meiner Frau nach und vereinbarte einen Termin bei meinem Arzt. Der riet mir, mich möglichst schnell bei einem Neurologen vorzustellen.

Kurz danach suchte ich mit meiner Frau eine neurologische Praxis auf, deren Adresse ich einfach dem Telefonbuch entnommen hatte. Kriterium: der schnellst mögliche Termin – ein folgenschwerer Fehler, wie sich herausstellen sollte. Im Behandlungszimmer ließ man mich auf und ab laufen, beobachtete mich dabei schweigend und haute mir dann ungerührt und ohne jedes Einfühlungsvermögen die Diagnose – »vermutlich Parkinson« – um die Ohren. Meine Frau, die ich in dieser kritischen Situation so dringend gebraucht hätte, war vorher einfach raus ins Wartezimmer geschickt worden. Wir verließen die Praxis bedrückt und ich weinte zum ersten Mal in meinem Leben über meinen Gesundheitszustand. Nie wieder würde ich diese Räume betreten. Wenigstens verdankte ich dieser Begegnung einen schnellen Termin für ein MRT. Da ich ohne Kontrastmittel in den Tomographen geschickt wurde, gab es auch keine Auffälligkeiten. Befund negativ. Immerhin, ein kleiner Hoffnungsschimmer.

Aber wohin ich auch floh, welche Möglichkeiten ich auch immer in meinem geplagten Hirn konstruierte, ich flüchtete vor der unausweichlichen Tatsache eines chronischen neurologischen Befundes. Ich wusste es die ganze Zeit, aber meine Gefühle kamen nicht hinterher. Noch hatte ich die Diagnose nicht schwarz auf weiß. Hoffnung ist ein Generator des Lebens, aber nur, wenn die Hoffnung begründet ist. Ich musste mich auf diesem unbekannten Terrain wohl doch ein wenig kundig machen. So erfuhr ich, dass dieser Genosse Tremor noch weitere unangenehme Kumpel hat: Rigor, die Muskelstarre – klingt verdächtig nach Rollstuhl –, und Akinese, Ursache für das maskenhafte Gesicht. Klingt alles nicht lecker!

Rotten sich die drei Parki-Schinder irgendwann zusammen? Rennen eines Tages meine Enkelkinder weg, weil ich so böse schaue? Meine Frau hat mich schon öfter ermahnt, den Mund zuzumachen. Hängen die Mundwinkel schon runter? Kriege ich eines Tages den Löffel nur noch verkehrt herum in den Mund?

Düstere Perspektiven peinigten meine Phantasie. Sollte Gott diese Krankheit zugelassen haben, dann hat er sich geirrt. So ein Zitterleiden passt einfach nicht zu mir. »Das muss sich um eine Verwechslung handeln«, hat Samuel Koch gesagt. Gut, zu einem Uhrmacher oder zu einem Chirurg passt dieses Leiden auch nicht. Letztlich ist jede Krankheit unpassend. Ich wüsste jedenfalls nicht, welches alternative Leiden ich mir hätte wünschen sollen. Haarausfall oder Appetitlosigkeit, Gemüseunverträglichkeit oder Sportallergie, Schlafstörungen in der Mittagszeit, damit könnte ich mich arrangieren.

Schluss mit dieser Wehleidigkeit! Eines steht fest: **Gott sitzt nicht im Himmel und verteilt Krankheiten.**

# 6.
# Vom Ende der Täuschung

Für Ostern hatte ich eine große Veranstaltung vorzubereiten und dann auch zu moderieren. Das war meine Welt: Musik und Theater, viele Menschen auf die Bühne bringen, Talente entdecken und zu einem starken Programm formen. Schon bei den Proben peinigte mich der Tremor. Als ich den Schlusschoral mit allen Akteuren dirigieren wollte, konnte ich mich nur noch mit letzter Kraft auf den Beinen halten. Ich kam mir so bloßgestellt vor, so erbärmlich verletzt und hinfällig.

Meine Kollegen von der alten Studentenband waren auch dabei. Wir spielten unter dem Beifall des begeisterten Publikums unsere Oldies aus den Siebzigerjahren. Die Band war in Topform, nur ich konnte vor Zittern kaum das Mikrofon halten. Die Ehefrauen meiner Band-Kollegen, die mich lange nicht mehr gesehen hatten, fragten besorgt, was denn mit mir los sei. Ich faselte was von allgemeiner Erschöpfung.

Nach dem großen Finale verschwand ich mit meiner Frau hinter der Bühne und bat meine engsten Kollegen um ein paar stille Augenblicke. Ich war sprichwörtlich ein Häufchen Elend. Die Kollegen machten das einzig Richtige: Sie stellten sich um uns herum, legten die Arme um meine Frau und mich, zitierten einige Bibelverse aus dem 5. Kapitel des Jakobusbriefes und beteten für mich.

Dazu muss man übrigens kein Esoteriker sein, das ist ein urchristlicher Dienst der Stärkung eines angefochtenen Menschen. Ich kenne viele Kirchen und Gemeinden, die so einen Gebetsdienst wiederentdecken, nachdem sie diese Qualität im rationalistischen Eifer abgeschafft hatten. Es kommt alles wieder ...

Dieser spontane Akt des Gebets und der »Tuchfühlung« war in meiner deprimierenden Verfassung ein bewegender Augenblick. Bewegend in doppelter Hinsicht: emotional und muskulär. Und so lautet die Passage:

*»Ist jemand unter euch krank, so rufe er zu sich die Ältesten der Gemeinde, dass sie über ihm beten und ihn salben mit Öl in dem Namen des Herrn. Und das Gebet des Glaubens wird dem Kranken helfen, und der Herr wird ihn aufrichten; und wenn er Sünden getan hat, wird ihm vergeben werden« (Jakobus 5,14–15).*

Wie oft habe ich unter Berufung auf diesen biblischen Text über kranken und leidenden Menschen gebetet. Selbst Glaubensheilungen habe ich erlebt. Bei anderen!

Unvergesslich wird mir bleiben, wie ich in meiner ersten Stelle als Jugendpastor in der Vorderpfalz von einem Gemeindeältesten dringend um einen Besuch gebeten wurde. Er war gerade mit dem Befund »schnellwachsender Gehirntumor« konfrontiert worden und bat mich, für ihn zu beten. Ich fühlte mich damals total unwürdig und kraftlos für diesen Krankenbesuch. So bat ich meinen

Praktikanten, mich zu begleiten. Der junge Theologiestudent war noch hilfloser als ich. Beim Frühstück hatten wir ziemlich unbeschwert rumgeblödelt und jetzt sollten wir einem ernstlich erkrankten Gemeindeältesten Mut zusprechen und mit ihm beten? Muss man da nicht über höhere Weihen verfügen?

In unserer Verlegenheit sammelten wir uns zu einem stillen Gebet und fuhren dann einigermaßen geordnet, aber ziemlich ängstlich in den Nachbarort. Wie sollten wir den Mann trösten?

Wir wurden in einer fast heiteren und gelösten Atmosphäre herzlich empfangen. Der schwer kranke Mann – vielleicht Anfang 60 – kam gleich zur Sache. Er kniete mitten im Wohnzimmer nieder und schaute uns erwartungsvoll an. Wir lasen den besagten Abschnitt aus dem Jakobusbrief, legten dem Mann die Hände auf und beteten schlicht um Heilung von diesem Tumor. Das war ein unscheinbarer Auftritt, ein spontaner Hausgottesdienst fern aller pastoralen und liturgischen Würde. Etwas kleinlaut und verunsichert zogen wir bald wieder ab.

In der Woche danach rief mich dieser Mann überglücklich an. Man habe nichts mehr von einem Tumor gefunden, die Operation sei abgesagt worden. Verlegen stammelte ich irgendetwas und war froh, das Gespräch beenden zu können. Jetzt war ich es, der aufgebaut werden musste.

Überwältigt von der Kraft des Gebets war ich Zeuge eines Wunders geworden. Medizinisch nennt man das wohl Spontanheilung. Von da an wusste ich, dass es auch heute noch Wunder gibt, die sich jeder wissenschaftlichen Erklärung entziehen. Ich habe diese starke Glaubenserfahrung nie an die große Glocke gehängt. Das hatte mit meinem kleinen Glauben nun wirklich gar nichts zu tun. Aber am Ende stand die Einsicht, die David Ben-Gurion so formulierte: »Wer nicht an Wunder glaubt, ist kein Realist.«

Der Gemeindeälteste lebte übrigens noch 25 Jahre.

Nun aber sollte nicht ich der Handelnde sein, nun war ich Empfänger dieser starken Zusage aus Gottes Wort. »Der Herr wird ihn aufrichten!« In der Tat, ich fühlte mich gestärkt und aufgerichtet, zuversichtlich aufgestellt für das diagnostische Programm, das jetzt vor mir lag.

Am Ende dieses Tages war mir klar, dass ich mich der Wahrheit stellen musste.

Wieder konsultierte ich meinen Arzt und berichtete ihm von den Erfahrungen. Weil er mich gut kennt, spürte er sofort meine verzweifelte Lage und empfahl mir einen erfahrenen Neurologen, der viele Parkinsonkranke in Mittelhessen betreut. Einige Tage später hatten wir einen Termin – das Beste, was mir passieren konnte.

Im völlig überfüllten Wartezimmer taxierte ich die Patienten. In dieser Gesellschaft würde ich künftig wohl öfters auflaufen. Ich fühlte mich mitten aus dem Leben in ein Siechenhaus abgeschoben.

Zunächst wurden wir in das Sprechzimmer der ebenfalls als Neurologin praktizierenden Frau des Spezialisten geführt. Sie untersuchte mich, und nach 20 Minuten legte sie mir ihre Hand auf die Schulter und sagte in feiner und einfühlsamer Weise: **»Herr Mette, Sie müssen davon ausgehen, dass Sie an Parkinson leiden, aber mein Mann und ich werden Sie durch diese Krankheit begleiten.«** Welch ein Unterschied zum ersten Versuch, ärztliche Hilfe in Anspruch zu nehmen. Diese Ärztin hatte sofort mein tiefes Vertrauen.

Ich wusste es ja seit meinem Turmerlebnis auf der Wartburg, aber jetzt fiel ein dunkler Schatten auf mein sonniges Gemüt. Jetzt war es raus. Jetzt stand es fest. Ich wankte an der Hand meiner Frau ins Behandlungszimmer des Neurologen und brach in Tränen aus. Dann betrat der warmherzige Arzt den Raum und blickte mich aufmunternd an: »Warum weinen Sie? Sie wissen wenig über die Krankheit, es gibt keinen Grund zur Panik. Wir werden Sie in diese neue Lebensphase begleiten.«

Irgendwann sagte er beiläufig: »Wieder ein Pastor!« Was sollte das denn heißen? Nur weil Billy Graham, der berühmte Pastor und Evangelist, und der letzte Papst zittern bzw. zitterten, kann man doch daraus keine Schlüsse auf eine potenziell anfällige Berufsgruppe ziehen. Schließlich hatten scheußliche Despoten wie Hitler oder Mao Tse-tung auch Parkinson. Die Antwort war bezeichnend: Viele Parkinsonkranke sind Männer und Frauen in öffentlichen Berufen. Leute, die immer mit vollem Einsatz auf der Bühne stehen: Politiker, Künstler, Musiker, Schauspieler, Lehrende und Pastoren. Mir fielen sofort der Stuttgarter Ex-Oberbürgermeister Manfred Rommel, der Bayreuther Startenor Peter Hofmann, der Boxer Muhammad Ali, der Schauspieler Michael

J. Fox und der Kabarettist Ottfried Fischer ein, der beschlossen hat, künftig auf Schüttelreime zu verzichten. Den Humor wollte ich auch haben.

Am nächsten Tag sollte eine Predigt im TV-Studio aufgezeichnet werden. Ich war nahe daran, abzusagen. Mein Arzt sagte mit prophetischer Autorität: **»Sagen Sie nichts ab. Sie müssen jetzt leben, was Sie jahrzehntelang gepredigt haben!«** Bei jeder langfristigen Terminzusage steht mir dieser Satz vor Augen. Er ist mein Leitmotiv geworden. Jetzt das leben, was ich immer gepredigt habe.

So fuhr ich am nächsten Tag ins Studio. Vor Zittern konnte ich kaum das Lenkrad halten. Wie gut, dass meine Frau dabei war. Die Visagistin in der Maske spürte, wie ich unter dem Umhang bebte. Ich bat sie, den TV-Chef zu holen. Der kam auch gleich und hörte sprachlos meinem Bericht zu. Was wollte er auch sagen? Ich bat die Kameraassistenten, eine Fußmatte unter das Stehpult zu legen, damit man das Klappern der Schuhsohlen nicht hörte. Zu meiner großen Verwunderung ging es gut. Mein Neurologe hatte recht behalten.

Eine nuklearmedizinische Diagnose sollte letzte Klarheit geben. Ich ahnte nicht, dass es eine furchtbare Erfahrung werden würde. Mir wurde ein »strahlendes« Kontrastmittel gespritzt und dann musste ich in die »Röhre«, um den Grad der Schädigung meiner Gehirnzellen festzustellen. So wollte man letzte Klarheit über meinen neurologischen Befund gewinnen. Einen Tremor-Patienten in einem Magnetresonanztomographen ruhigstellen? Das geht eigentlich gar nicht. Oder man muss den »Geröhrten« vorher so abschießen, also sedieren, dass er die Prozedur halb ohnmächtig übersteht.

Zwei einigermaßen unsensible Assistentinnen hatten keine Lust, sich geduldig um mich zitterndes Häufchen Elend zu kümmern. Warum auch, die hatten schließlich ein völlig überfülltes Wartezimmer abzuarbeiten. Mein Kopf wurde auf den Schlitten geschnallt, aber meine Beine zitterten wie verrückt und übertrugen den Tremor bis in den Kopf, der ja für dieses Diagnoseverfahren extrem ruhiggestellt sein musste. Es war eine einzige Qual. Die Assistenten hatten nicht die geringste Idee, wie sie mich beruhigen könnten. Ich drückte den Notruf, befreite mich von den Fesseln und kroch völlig verschüchtert aus der Röhre. Erschöpft verließ ich die Praxis. Da würde mich keiner mehr hinschicken. Ich wusste ohnehin Bescheid.

Meine Frau, selbst an einer Universitätsklinik tätig, machte mir einen Termin in der Nuklearmedizin ihrer Klinik. Das Personal ging locker mit mir um und das Gerät war keine Panikröhre, sondern bestand aus drei meinen Kopf umkreisenden Platten. Die Prozedur war schnell vorbei und das bildgebende Diagnoseverfahren in der Aussage eindeutig. Jetzt gab es keinen Zweifel mehr. Die bereits geschädigten Gehirnzellen waren klar erkennbar. Wie ein militärisches Sperrgebiet auf einer Landkarte. Irreparabel geschädigt. Eine brutale Einsicht. Ich will gar nicht wissen, wie viel Prozent meiner Gehirnzellen schon geschädigt sind. Vielmehr beschäftigt mich die Frage, ob der intakte Rest reicht, um mich denk- und handlungsfähig zu halten, und ob man den Prozess aufhalten kann.

In diese quälenden Gedanken hinein erscheint mir immer wieder das Bild vom letzten Papst. Der Mann war vom Leiden gezeichnet, aber geistig hellwach. Morbus Parkinson vermochte nicht, sein Pontifikat zu verhindern. Er blieb seiner Berufung treu. Ich trage dieses Bild als ständigen Ermutiger in mir, damit die Resignation nicht die Oberhand gewinnt.

In der Zwischenzeit musste ich zu einer Sitzung in die Schweiz. Dieses Vorstandsamt machte mir viele Jahre Freude, aber es kostete mich auch viel Kraft. Der Sitzungsverlauf an diesem Tag war ziemlich heftig. Ich spürte die Spannung körperlich. Auf der Weiterfahrt zu einem Termin in Luzern war ich so aufgewühlt, dass ich in den Tunneln durch das Juragebirge von Zitterattacken gepackt wurde. In diesem verzweifelten Zustand beschloss ich, konsequent meine diversen Gremienarbeiten zu reduzieren. Wenige Tage später erklärte ich meinen Rücktritt als Vorstandsmitglied. Es sollten weitere solcher Entscheidungen folgen, damit ich noch lange meiner eigentlichen Berufung nachkommen kann.

In Luzern angekommen, übernachteten meine Frau und ich bei Freunden, die hoch über dem malerischen Vierwaldstätter See ein wunderschönes Haus besitzen. In dieser Nacht konnte ich nicht schlafen. Herr P. hatte an der Muskelsteuerung so lange manipuliert, bis ich am ganzen Körper bebte. Vergeblich verkeilte ich meine Beine in der Matratzenritze, um endlich Ruhe zu finden. Meine Frau mühte sich tapfer, mich von der aufkommenden Panik und den depressiven Gedanken abzulenken.

Am nächsten Tag sollte ich in der Kirchengemeinde meiner Freunde predigen. Vor dem Gottesdienst waren die Gemeindeältesten im Büro des Pastors versammelt. Sie nahmen mich in ihre Mitte und beteten für mich. Doch mir sackten die Beine weg. In Panik umrundete ich vor der Predigt noch einmal das Gemeindezentrum, machte Atemübungen, schrie innerlich zu Gott und fragte, warum er mir das antue. Zum ersten Mal war ich nicht in der Lage freihändig zu predigen. Ich musste um einen stabilen Bistrotisch bitten, und für alle Fälle stand ein Hocker in Reichweite.

Es war mir, als hätte mich Herr P. in meiner ganzen Erbärmlichkeit vorgeführt. Überraschenderweise konnte ich die Predigt relativ entspannt halten. Ganz so, als würde der andere Herr meines Lebens Herrn P. vorübergehend entmachten, sodass ich meine Berufung erfüllen konnte. Mein Neurologe hatte mich ja geradezu medizinisch reordiniert. Ich hätte ihn vor lauter Freude am liebsten gleich nach dem Gottesdienst angerufen.

Am nächsten Tag waren wir im Kanton Zug zu Gesprächen mit einer Partnerorganisation. Auch dort erlebte ich eine furchtbare Nacht. Und am nächsten Morgen sagte ich in der Sitzung zum ersten Mal: »Ich habe Parkinson!« Es war an der Zeit, die Wahrheit zu sagen.

Genau drei Jahre später – im Mai 2012 – bin ich wieder zu Verhandlungen und Vorträgen dort. In der Nacht beginne ich dieses Kapitel zu verfassen. Genau an dem Ort, wo vor drei Jahren der Absturz in die Depression seinen Anfang nahm.

*»Die Wahrheit wird euch frei machen!« (Johannes 8,32)*, hat Jesus gesagt. Wir erleben so viel Lüge und Täuschung, solch ein frivoles Frisieren der Tatsachen, dass die Zeit reif wird für eine neue Wahrhaftigkeits-Offensive. Wann leben wir endlich die Würde dieser Freiheit untereinander, indem wir wahrhaftig miteinander kommunizieren? Ich hatte mich der Wahrheit gestellt, die Flucht war zu Ende.

## 7.
## Sich der Wahrheit stellen – das ist Freiheit

Mit wem und vor allen Dingen wie rede ich über meinen neurologischen Befund?

Mit meiner Familie, den Verwandten und engen Freunden, aber dann auch vorrangig mit meinem beruflichen Netzwerk. Ich wollte meinen Vorstandskollegen, meinem Aufsichtsrat und meinen Mitarbeitern in völliger Offenheit begegnen. Schließlich hatten die ja in unserem transparenten Medienhaus täglich gesehen, wie ich morgens die Freitreppe hochgeschlichen war. Jeden Tag ein wenig langsamer. Bei vielen Führungen durch das architektonisch bemerkenswerte Gebäude hatte ich diese frei stehende Treppe als die Kommunikationsachse des Hauses bezeichnet, weil man von der Treppe aus nahezu alle Arbeitsplätze des Hauses sehen kann. Nun wurde ich zum leibhaftigen Beweis eines transparenten Arbeitsplatzes. Die zunehmenden Veränderungen meiner Bewegungsabläufe waren für das ganze Team sichtbar. Ich fühlte mich beobachtet. Und ich fühlte die besorgte Anteilnahme meiner Kolleginnen und Kollegen. Keiner sprach mich darauf an, aber die ungewöhnlich frühe Gebrechlichkeit war nicht mehr zu verbergen. Parkinson lässt sich nicht verstecken.

Einer meiner beiden Vorstandskollegen hatte gerade im Medienhaus zu tun. Ich bat ihn in mein Büro und eröffnete ihm die ultimative Diagnose. Dann lud meine Assistentin alle Angestellten zu einer Spontansitzung in den Konferenzraum ein. Ich wollte sie selbst aus erster Hand informieren. Doch da saß ich nun – in mich verkrümmt und die zitternden Beine unter dem Tisch verschlungen – vor diesem wunderbaren Team und fühlte mich völlig unfähig, auch nur ein Wort herauszubringen. Die Tränen erstickten meine Stimme und ich wurde kräftig von einer Tremorattacke geschüttelt. Mein Vorstandskollege und einer meiner leitenden Mitarbeiter übernahmen das Wort und halfen mir so aus der Verlegenheit. Betroffene Gesichter, aber kein Schrecken, denn viele hatten ja schon längst eine gewisse Vorahnung. Ich packte zitternd meine Aktentasche, ließ den Schreibtisch unaufgeräumt und meine Frau holte mich nach Hause.

Wer sollte es nun wann erfahren? Mein engster Familienkreis und die Kollegen wussten jetzt über meine Situation Bescheid. In den kommenden Tagen schrieb ich die Namen derjenigen auf, die schon informiert worden waren. Einige meiner Aufsichtsratsmitglieder besuchten mich zu Hause und rieten mir dringend zu einem transparenten Informationsstil. Als Mensch, der häufig in der Öffentlichkeit stünde, könnte ich das Leiden sowieso nicht verbergen. Und bevor die Spekulationen mancher Hobbytherapeuten ins Kraut schießen würden, sollte ich doch gleich von Anfang an offen informieren. Das war ein guter Rat, an den ich mich bis heute gehalten habe. Parkinson ist keine Krankheit, für die man sich schämen muss. Doch ihre Symptome sind auffälliger als die vieler anderer Erkrankungen. Der »Parki« fällt in jeder Fußgängerzone und bei jedem öffentlichen Empfang auf. Er schämt sich seiner Hinfälligkeit und geht grundsätzlich davon aus, dass er beobachtet wird: beim mühsamen Ausstieg aus dem Auto, beim Durchrücken auf der engen Wirtshausbank, beim Empfang mit Sektglas in der linken und Häppchen in der rechten Hand, beim Stau an der Tür.

Im Restaurant bitte ich erstmals, ob man mir die Pizza gleich schneiden könne. Und schon läuft der Film rückwärts in die zahnlose Kindheit, in der mir meine Mutter das Marmeladenbrot in kleine Stückchen geschnitten hat: »Eins für den Opa, eins für die Oma!«

Irgendwann wird der Mensch wieder zum Kind. Der eine früher, der andere später.

Wie fühle ich mich? Nicht richtig krank, nicht richtig gesund, aber irgendwie verlegen und geplagt von einer drückenden Unsicherheit über den künftigen Krankheitsverlauf. Verlegenheit, das ist die treffende Zustandsbeschreibung. Einer, der selten verlegen war, der immer im Mittelpunkt stand und jede Clique vortrefflich zu unterhalten wusste, ist auf einmal so verlegen und verunsichert, dass er die Rückkehr in die Privatsphäre herbeisehnt. Einfach abtauchen und möglichst nicht wieder auftauchen müssen.

Darum oute ich mich, bevor die Gesunden verlegen werden.

Die Besuche bei meinem Neurologen waren jedes Mal ein Befreiungsschlag gegen die Resignation und ein gezielter Schritt in ein normales Leben. Bloß nicht Herrn P. zu viel Macht einräumen. So bat mich der nette, römisch-katholische und theologisch sehr belesene Facharzt von Termin zu Termin darum, mich mit ausgewählter Literatur zu beschäftigen. Etwa so: »Herr Mette, bei Ihrem nächsten Besuch würde ich gern mit Ihnen über das neue Buch zur Pentateuchkritik (5 Bücher Mose) sprechen!« Nun bin ich kein Alttestamentler, also musste ich mich kundig machen, um mitreden zu können. Als ich mich dann das nächste Mal in der Praxis vorstellte, sprachen wir tatsächlich relativ wenig über Parkinson, aber viel über Theologie und Glauben. Da erfuhr der Arzt wohl mehr über mein Ergehen, als mir bewusst war. Bei ihm habe ich gelernt, die Krankheit aus der Mitte meines Lebens an die Peripherie zu verlegen, da, wo sie hingehört. »Hauptsache gesund!«, stimmt nicht. Ich lerne eine ganz andere Einsicht: Hauptsache mit Gott im Reinen, mit mir und meiner Familie. **Heil sein ist wichtiger als geheilt zu sein!**

# 8.
# Wenn die Seele nicht mehr lacht

Der Absturz in die Depression war auch ein Abschied vom Elfenbeinturm einer seriösen und sicher geglaubten Theologie. Ich bin in einem christlichen Elternhaus aufgewachsen und habe mich früh für ein Leben nach dem Vorbild von Jesus Christus entschieden. Meine Eltern waren uns dabei ein beeindruckendes Vorbild für eine fröhliche christliche Lebenspraxis. Unser Christsein sollte ansteckend sein, authentisch, unverkrampft. Wir hatten ein offenes und tolerantes Haus, in dem viele Frömmigkeitstypen ein und aus gingen. Die Mitte war Jesus Christus. Die Bibel war Basis unserer Weltanschauung und ethisches Fundament. Gerade in den wilden 68er-Jahren war das für mich eine entscheidende Prägung. Den christlichen Glauben tolerant zu bekennen, das wurde uns früh mit auf den Weg gegeben. Ehrenamtliche Mitarbeit in Gottesdienst und Jugendarbeit waren Ehrensache.

Der Weg ins Theologiestudium – nach der Ausbildung zum Zimmerer – führte folgerichtig in den pastoralen Dienst: zunächst als Jugendpastor, später als Dozent und Gemeindeberater und vor allen Dingen bundesweit als Prediger und Referent.

Das Thema »Umgang mit Leid, Krankheit und Tod« – die sogenannte Theodizee-Frage – stand oft auf dem Wunschzettel der Gemeinden. Irgendwann »kniete« ich mich in die Hiobsgeschichte und entwickelte unter dem Thema »Wenn guten Menschen Böses passiert« einen Vortrag, der x-fach gehalten und publiziert wurde. Das waren Trockenübungen eines gefragten Referenten über ein Thema, zu dem er damals außer theologischen Richtigkeiten relativ wenig zu sagen hatte. Für manche vollmundige Predigt, die nicht in der Realität meines Lebens geerdet war, kann ich mich deshalb im Rückblick auch nur schämen. Ich werde in den Kapiteln 16 bis 19 noch einmal ausführlich auf Hiob zurückkommen.

Wie aber geht ein Profi des Evangeliums nun tatsächlich mit Krankheit und Leid um? Eines wusste ich gleich nach der Diagnose: Jetzt geht es um dich! Und noch etwas war mir vom ersten Moment an klar: **Wenn mein Glaube mich nicht durch diese Krise trägt, dann taugt das ganze System nichts.** Dann kann ich meine Berufung zurückgeben und den Predigtdienst einstellen. Ich hatte zwar das Studium als »Master« der Theologie abgeschlossen, aber die Meisterprüfung meines Lebens sollte erst noch kommen. Herr P. sollte meinen Glauben testen. Meine Seele hatte das Lachen verlernt und der Unglaube hatte leichtes Spiel.

Wie habe ich diese vorübergehende Schwermut erlebt? Vor allem an der Seite meiner starken Frau, die selbst wenige Jahre zuvor eine Krebserkrankung überlebt hatte. Sie musste damals das volle Programm von Chemo- und

Strahlentherapie absolvieren. Ich habe furchtbar gelitten, aber sie hat diese Reifeprüfung tapfer bestanden. Ihr Humor, ihr starker Glaube, ihr zuversichtliches Gebet, das alles war Erbarmen Gottes im Wesen meiner Frau. Sie verstand es, meine verschüttete Zuversicht wieder freizugraben, meinen erstickten Humor neu zu entzünden. Oft saß sie nur schweigend bei mir und hielt mich fest.

Die Ermutigung meiner Kinder und unserer großen Verwandtschaft war die andere Kraftquelle. Menschen mit tiefem Gottvertrauen und viel Empathie schufen ein Netzwerk geistlicher Solidarität. Sie bildeten eine Wand des Glaubens um mich herum, sodass meine Frau und ich wie in einer Burg befriedet waren. Meiner Tränen habe ich mich von Anfang an nicht geschämt. Ich war überwältigt von dieser verlässlichen Anteilnahme, vom stummen Mitleiden, von der spürbaren Kraft des Gebets.

Meine Mitarbeiter schafften es, mich eine Zeit lang völlig vor dem Informationsfluss abzuschirmen. Es geht auch ohne mich – das war eine neue Erfahrung.

So hatte ich auf einmal alle Zeit der Welt zum Schlafen, auch tagsüber. Ich war so antriebslos und kraftlos, dass ich stundenlang auf dem Sofa vor mich hin grübelte. **Mein Kopf war eine einzige Filmfabrik. Ich sah mich gekrümmt und vornüberhängend schlurfend im Schneckentempo durch die Stadt ziehen, sah Kinder, die sich über mich lustig machten, Menschen, die hinter mir her glotzten und sich abwandten.** Ich sah mich an einem Parkscheinautomat stehen, hinter mir eine Schlange hupender Autos, weil ich das Ticket nicht in den Schlitz bekam.

Ich sehe mich bei Luigi Pasta essen. Das Zeug segelt von der Gabel in die Tomatensauce und bekleckert mein Hemd. In diesem halbwachen Zustand explodiert die Phantasie und macht aus einem halbwegs ansehnlichen Kerl einen Rolli-Kandidaten. Ich, der ich selten geheult habe, tauche in Tränen aus diesen Träumen auf. Welch eine erbärmliche Lebensperspektive. Mein Gott, warum lässt du es zu, dass Herr P. dein Geschöpf so beschädigt?

Es folgten viele Gespräche mit meiner Frau und langsam bildete sich auch eine neue Einsicht in meinem umtosten Gehirn. Womit habe ich es verdient, dass ich 55 Jahre lang kerngesund war, höchst selten mal dem Arbeitsplatz fernbleiben musste? Ich wusste doch gar nicht, was Krankheit heißt. Ich habe nie Kopfschmerzen gehabt, geschweige denn Migräne. Vielleicht habe ich darum so depressiv reagiert. Ich war nicht geübt. Man hatte mich gelehrt, wie man gesund lebt, aber nicht, wie man mit Krankheit umgeht.

Was ich erst mal richtig lernen musste, war Nein zu sagen. »Nein, kommt heute besser nicht vorbei. Bitte hört auf, mir die Leidensgeschichte anderer zu servieren, ich ertrage das nicht! Und verschont mich vor Bioaposteln und Propheten, die mir Heilung versprechen und die neueste Diät oder das beste Pülverchen diskret vermitteln.« Ich weiß, dass sie es alle gut gemeint haben. Aber ich musste lernen, einfach wegzuhören, wenn Hobbymediziner mir was von »Schüben« erzählen wollten. Nein, Schübe gibt es bei MS. Und dass die Oma auch Alzheimer habe und man jetzt schon mit Hirnschrittmachern arbeiten würde und die Story, wo Parkis die Alpen mit Fahrrädern überquert haben. Jeder weiß was, jeder hat was im Radio gehört, im Fernsehen gesehen oder in der Apothekenzeitschrift gelesen. Irgendwann wusste ich, dass ich mich schützen musste vor allzu vielen gut meinenden Ratgebern.

Gerade weil es jeder gut meint, nehme ich mir öfter die Freiheit, Berichte über dramatische Schicksale und Krankheitsverläufe charmant und unmissverständlich zu beenden. Sonst beliefere ich die Horrorfilmfabrik in meinem Kopf mit Drehbüchern, die mir nicht guttun und die keiner braucht.

# 9.
# Musik als Heilmittel

Wovon lebe ich in einer Phase der Schwermut, wenn ich selbst zum Beten keine Kraft habe und mir alle frommen Sprüche im Hals stecken bleiben, weil Herr P. so viel Macht über mich gewonnen hat?

Ich konnte kaum etwas lesen, Fernsehen war noch langweiliger als sonst. Moderne Musik wurde mir bis auf einige Ausnahmen fremd. Obwohl ich Rock, Pop, Gospel und Soul normalerweise sehr liebe, erreichten diese Töne und Texte mein Herz nicht mehr. Auch die meisten neuen geistlichen Lieder reichten nicht bis auf den Grund meiner Verzweiflung.

Es waren die Passionen und Oratorien von Johann Sebastian Bach, die mich tief getröstet haben. Die Johannes-Passion habe ich tagelang rauf und runter gehört. Obwohl mich diese Musik ziemlich aufwühlte und ich ständig tränengeflutet war, bin ich unter dem Einfluss des »fünften Evangelisten« zur Ruhe gekommen.

Ich fand die Geborgenheit nicht in flüchtigen Dingen, nicht in seichten Modeerscheinungen, sondern in vertrauten liturgischen Ritualen, die wir seit Jahren in unserer Familie pflegten.

Als experimentierfreudiger und innovativer Unternehmertyp bin ich für alles Neue offen. Etablierte Formen, Riten und Traditionen habe ich grundsätzlich skeptisch hinterfragt. Bis ich merkte, dass ich mich von meinen Wurzeln löse und den Fixpunkt für meine Lebensplanung verliere. So entwickelten sich neue Leitmotive, zum Beispiel diese:

- Tolerant kann nur sein, wer einen festen Standpunkt hat.
- Experimentieren kann nur, wer sich in seinem Labor auskennt.
- Modern kann nur sein, wer seine Herkunft zu schätzen weiß.
- Brich mit keiner Tradition, bevor du nicht eine neue geschaffen hast.
- Wer das Bewährte missachtet, wird im Neuen scheitern.
- Ohne Bindung an Werte wird aus Freiheit Haltlosigkeit.

Ich war in meinem umtriebigen Leben wieder neu heimisch geworden in Ritualen und Traditionen. Vielleicht war das unbewusst bereits eine Vorbereitung auf die Begegnung mit Herrn P.?

So haben wir in der Familie begonnen, feierliche spirituelle Rituale einzurichten, die inzwischen eine gute Tradition geworden sind. Wir zelebrieren den Zyklus des Kirchenjahres mit geistlicher Musik.

So feiern wir zum Beispiel den Abschluss des Kirchenjahres am Ewigkeitssonntag, dem Sonntag vor dem ersten Advent, seit vielen Jahren immer mit dem »Deutschen Requiem« von Johannes Brahms. Beim Titel »Wie lieblich sind deine Wohnungen, Herr Zebaoth«, gedenken wir der Menschen, die im zurückliegenden Kirchenjahr von Gott aus dem Vergänglichen in das Ewige berufen wurden. Und dann, wenn die Sonne untergegangen ist, steigt alle Jahre wieder die Spannung. Dann legen wir den Eingangschoral des Weihnachtsoratoriums zur Eröffnung des neuen Kirchenjahres auf, vorzugsweise in einer Lautstärke, die auch die Nachbarn erreichen soll. An Lautsprecherboxen habe ich nie gespart. Ich mag Musik nur, wenn sie laut ist. Das gilt für Bach genauso wie für Grönemeyer.

*»Jauchzet, frohlocket, auf, preiset die Tage,*
*rühmet, was heute der Höchste getan.*
*Lasset das Zagen, verbannet die Klage,*
*stimmet voll Jauchzen und Fröhlichkeit an!*
*Dienet dem Höchsten mit herrlichen Chören,*
*lasst uns den Namen des Herrschers verehren.«* *

Richtige Adventsfreude stellt sich erst mit diesem schönsten Oratorium ein. In der Silvesternacht ist immer der »Messias« angesagt. Am Abend des Epiphaniastages erklingt dann letztmalig der Schlusschor des Weihnachtsoratoriums in unserem Haus.

*»Nun seid ihr wohl gerochen an eurer Feinde Schar.*
*Tod, Teufel, Sünd und Hölle sind ganz und gar*
*geschwächt, bei Gott hat seine Stelle das menschliche*
*Geschlecht!«*

* J. S. Bach, Weihnachtsoratorium, BWV 248

Dann erst wird der Weihnachtsbaum abgeschmückt und – inzwischen schön harzig-trocken – im Kachelofen verbrannt.

So geben feste Rituale unserem bewegten Leben Halt. Ich war also heimisch in der tröstenden Kraft der geistlichen Musik.

Wir haben unsere Kinder, sobald sie laufen konnten, in das Weihnachtsoratorium mitgenommen. Alle drei waren musikalisch talentiert, sodass zwei von ihnen heute Profimusiker sind und der Jüngste mit der gleichen Begeisterung ehrenamtlich Musik macht. Es war uns wichtig, dass die zur Rockmusik neigenden Burschen früh an klassische geistliche Musik herangeführt wurden. Wer Johann Sebastian Bach schätzt, wird immer ein demütiger Musiker bleiben. Wer die alten Meister ehrt, wird auch kein Verlangen haben, auf den schwankenden Bohlen des Deutschland-sucht-den-Superstar-Wettbewerbs brünstig um das Wohlwollen einer Jury zu balzen, die sich selbst inszeniert.

Natürlich bin ich mit den Jungs auch zu Rockkonzerten gefahren, vorzugsweise zu Konzerten der legendären US-Band »Toto« oder dem Ausnahmegitarristen Phil Keaggy. Das war Musik, die die Jungs schon liebten und ihr Vater noch liebte. Heute besuche ich begeistert die Rock- und Popkonzerte unserer Söhne.

**Aber die grundlegende Prägung sollte aus dem Reichtum der geistlichen Musik alter Meister kommen. Himmlische Musik, die seit Jahrhunderten mit Ehrfurcht interpretiert wird und einfach nicht zu toppen ist.** Texte, die zeitlos geistliche Prägungen nachhaltig bewahren.

Und wenn ich unsere Jungs morgens auf dem Weg ins Büro zur Schule mitnahm, mussten sie öfter Bach-Kantaten und -Motetten hören oder sich von mir die Kunst der Fuge von Johann Sebastian Bach erklären lassen. Sie hatten die Wahl: Fahrrad und Bus oder mit Vater im Auto – dann aber mit einer täglichen Bach-Lektion.

Ich erinnere mich immer wieder gern an die Zeit, als unsere Söhne über eine Popversion des »Messias« Zugang zu Georg Friedrich Händel fanden und den großen Meistern des Barock fortan mit tiefem Respekt begegneten.

Ich selbst bin durch meine Mutter, die einigermaßen Klavier spielen und phantastisch singen konnte, ein begeisterter Musikliebhaber geworden. Das Leben besteht aus Höhen und Tiefen und die können am besten mit Musik durchlitten und auch gefeiert werden.

Das waren meine Favoriten, meine Trostlieder in traurigen Phasen:

Die Markus-Passion von Johann Sebastian Bach. Musik, die mich nach sechs Wochen Weihnachtsoratorium auf die Passion Jesu vorbereitet. Hinreißend schöne Choräle. Vitamine für die Seele in ihrer bekömmlichsten Form. Die von Wolf Euba ergreifend gesprochenen Evangelisten-Rezitative in der alten Sprache Luthers kommen ungefiltert durch die Gehörgänge. Modernes Deutsch kann das nicht besser!

Der andere Tröster in der Not war Paul Gerhardt (1607 bis 1676). Er wurde der Hirte meiner verwundeten Seele. In meiner CD-Sammlung findet sich eine ganz ungewöhnliche Veröffentlichung, deren Texte gesprochen und nicht gesungen werden: *»Breit aus die Flügel beide«**. Das war mein Favorit unter den Produktionen zum Paul-Gerhardt-Jahr 2007. Endlich mal alle Strophen, auch die, die man heute vor lauter theologischer Korrektheit kaum noch singen will. In diesen Texten steckt seit Generationen ein hoher Trostfaktor. Interpretiert von Werner Arthur Hoffmann mit seiner ausdrucksstarken Stimme und durch virtuose Gitarrenmusik von Werner Hucks untermalt. Zu dieser Produktion habe ich täglich gegriffen und die zeitlosen Texte betend mitgesprochen: »Befiehl du deine Wege«, »Du meine Seele singe«, »Ich bin ein Gast auf Erden«, »Ist Gott für mich, so trete gleich alles wider mich« und viele andere. Solche Texte wurden mir zum Proviant auf dem mühsamen Weg zur inneren Heilung. Musiktherapie, der biblische König David erfand sie vor 3000 Jahren. Damals spielte er als junger Thronfolger vor dem schwermütigen König Saul auf der Harfe. Wer sich in guten Jahren von der Musik inspirieren lässt, wird auch in den Stunden der Anfechtung nicht ungetröstet bleiben.

Irgendwann in einer schlaflosen Nacht entdeckte ich auf einem christlichen TV-Kanal das Harmony-Quartett. Intonationssicherer und herzbewegend dichter A-cappella-Gesang mit einem der besten und tiefsten Vocal-Bassisten unserer Zeit. Eine kräftige Ladung Trost im satten Sound großartiger Männerstimmen. Das ist Musik, die aus der Tiefe zieht.

* CD »Paul Gerhardt – Breit aus die Flügel beide«, Werner Hoffmann und Werner Hucks, Felsenfest, Wesel, 2006

Und ausgerechnet Herbert Grönemeyers »Halt mich« oder neuerdings »Deine Zeit« von der Produktion »Schiffsverkehr« haben mich auf ganz eigene Weise durch die trüben Wochen getragen.

Die bewährten Klassiker geistlicher Musik müssen parat sein, wenn es knüppeldick kommt. Diese Kostbarkeiten müssen wir aufbewahren und beleben. Nicht nur in der alten Fassung konservieren, sondern unter Beibehaltung des Originaltextes musikalisch auf der Höhe der Zeit interpretieren. Damit erleichtern wir der jungen Generation den Zugang zu den Schätzen geistlicher Musik und wir selbst finden Halt in angefochtenen Lebensphasen.

Die jüdische Schriftstellerin Nelly Sachs schrieb 1949 über König David, den größten Liedermacher aller Zeiten:

*»Aber im Mannesjahr maß er, der Vater der Dichter, in Verzweiflung die Entfernung zu Gott aus, und baute in Psalmen Nachtherbergen für die Wegwunden.«*[*]

Glauben heißt, in Verzweiflung die Entfernung zu Gott ausmessen und klagend, betend, schweigend, singend und seufzend Nachtherbergen bauen, in denen unser verletztes Gemüt zur Ruhe kommt und den anbrechenden Tag erwartet.

* Nelly Sachs, »David« in: Werke. Band I: *Gedichte 1940–1950*, Suhrkamp, Berlin, 2010

# 10.
# Lächerliches und Deprimierendes

Nachdem mir mal wieder jemand von seinem Opa berichtet hatte, der auch an Parkinson litt, wunderte er sich, dass ich ja »noch« Fahrrad fahren könne. Dann fragte er ziemlich hemdsärmelig, was denn bei mir »noch« alles so gehen würde. **Da schoss es schlagfertig aus mir heraus: »Alles außer Mikado!«** Er stutzte, weil er diese kleine Frechheit nicht begriffen hatte, aber ich wusste, dass ich damit den Titel meines Buches gefunden hatte – sollte ich jemals ein Buch über das Leben mit Parkinson zustande bringen. Bei allem, was »noch« geht: Mikado spielen geht nicht mehr! Das Spiel braucht eine absolut ruhige Hand. Am nächsten Tag bat ich einen unserer Redakteure um die Reservierung dieses Titels.

Was könnte man noch auf die Frage »Wie geht's?« antworten? Bei James Bond hieß es »geschüttelt – nicht gerührt«. Das Parkinsonmotto lautet »geschüttelt und gerührt«! Wenn ich einen meiner alten Freunde treffe, der an Diabetes leidet, dann grüße ich ihn mit »Denk dran, Diabetes ist kein Zuckerschlecken!« Oder wenn ich an den alten Kriegsversehrten aus meiner nordhessischen Heimat denke, den Einarmigen, der als treuer Küster jeden Sonntag die Gäste an der Kirchentür begrüßte, dann stelle ich es mir sehr witzig vor, ihn im Secondhandshop zu treffen. In Gottesdiensten mit überwiegend älteren, kardiologisch gefährdeten Herrschaften lasse ich grundsätzlich nie »Geh aus mein Herz« singen, noch nicht mal in »dieser schönen Sommerzeit«. Humor hat Heilkraft!

Kürzlich referierte ich bei einer Tagung im Schwarzwald, die aus Platzgründen in ein großes Festzelt verlegt worden war. Das Rednerpult stand auf einer improvisierten Bühne, Holztafeln auf Gerüstböcken, die auf der unebenen Grasfläche standen. Die ersten fünf Minuten plagte mich Tremor – der Zittermann – so heftig, dass das Pult mitsamt der Bühne bebte. Ich forderte das bibelfeste Auditorium auf, in Apostelgeschichte 4,31 nachzulesen: »Es erbebte die Stätte, auf der sie sich versammelt hatten.« Entspanntes Gelächter, danach ging es besser.

Die gut gemeinten »noch«-Fragen sind es, die mich zunehmend deprimieren. »Ach, Sie sind allein mit dem Auto gekommen? Dürfen Sie denn noch selber fahren?« »Können Sie noch Treppen steigen oder wollen Sie den Lift nehmen?« »Dürfen Sie denn noch alles essen?« – Ja, ich darf. Sieht man das nicht? »Können Sie denn noch predigen?« – Ja, ich kann. Noch. Wenn man die 40 überschritten hat, steht alles im Leben unter dem »Noch«. Ich fühle kindischen Trotz in mir aufsteigen. Sehen die mich denn alle schon im Siechenhaus? Hätte ich meine Erkrankung doch besser geheim gehalten?

Kürzlich erzählte mir eine liebenswürdige Dame, dass der Mann ihrer Freundin durch die Parkinsonmedikamente geistig verwirrt worden sei und sich im Wahn umgebracht habe. Brutale Story! Der Tag war für mich gelaufen. Meine Frau merkte es gleich und erstickte die kurze Panikattacke mit einer liebevollen Umarmung im Keim. Das Filmteam in meinem Kopf war dabei gewesen, unter der Regie von Herrn P. wieder einen Horrorstreifen zu drehen.

Ich habe von einer alten Frau aus unserem Stadtteil gehört, die am Tag 24 Tabletten gegen Parkinson einnehmen muss. Weil das wegen der minutiösen Verabreichung purer Stress für die Angehörigen sei, habe man sie in ein Pflegeheim gegeben. Das war der Startschuss für die nächste Dramaproduktion in meinem Gehirnstudio. Hoffentlich muss ich nicht so alt werden. Mein Vater ist im 90. Lebensjahr gestorben. Ich würde gern so alt werden, aber bitte nicht mit P.! Manchmal ertappe ich mich dabei, dass ich öfter sehnsüchtig von einem frühen Tod rede. Dann legt mir meine Frau die Bilder von unseren Kindern und Enkelkindern hin und ich schäme mich meiner bösen Gedanken.

Die Leute, die mir diese Parkinsongeschichten erzählen, meinen es ja gut. Manche interessieren sich wirklich für mich, andere wollen ein schnelles »Es geht mir gut!« hören. Sie sind mit den Füßen noch bei mir, aber mit dem Kopf schon längst woanders. Irgendwann lasse ich mir eine Baseballmütze oder ein T-Shirt mit dem Aufdruck »Danke, schlecht!« machen.

»Na, wie geht's?«, ist die flüchtigste aller Small-Talk-Phrasen. Wer so fragt, hat das »Gut!« schon einkalkuliert, denn er hat gar keine Zeit, meine Antwort aufzunehmen. Darum schocke ich die Frager gern mit der flapsigen Antwort: »Danke, schlecht!« Die wenigsten registrieren die Ironie. Wer hat denn noch Zeit, sich den detaillierten Rapport meiner Befindlichkeit anzuhören?

Aber ich erlebe auch viel wohltuende Sprachlosigkeit, stilles Mitleiden, berührende Verlegenheit. Das ist echt, das kommt an, das tut gut.

Eines Tages musste ich zu einer Vorstandssitzung nach Frankfurt. Auf dem Weg zum Bahnhof kam ich an einer Bäckerei vorbei und nahm mir noch Zeit für einen Imbiss. Der Laden war leer, drei ansehnliche Verkäuferinnen standen ziemlich unterfordert hinter dem Tresen. Sie sahen irgendwie »cross« aus in ihren beige-grünen Rüschenschürzen. Fleischverkäuferinnen sehen immer eher »rare« oder »medium« aus, selten »well done«. Die Bäckereifrauen fragen auch nie, ob es ein wenig mehr sein darf.

Also fragte ich die erstbeste gerüschte Dame, ob ich eine ofenfrische Brezel haben könne. Gern! Ich fragte, ob sie mir die Brezel auch mit Butter bestreichen könne. »Nein!« – »Wie, nein? Sie können die Brezel nicht aufschneiden und mit Butter bestreichen?« – »Nein, das machen wir nicht!« Ich: »Ist das Ihr Ernst, dass Sie zwar jede Menge belegte Baguettes anbieten, aber keine Butterbrezel schmieren können?« – »Ja, denn das ist nicht üblich, aber ich kann Ihnen einen Butterwürfel und ein Messer geben, dann können Sie sich die Brezel selbst streichen!«

Einfach fürsorglich, diese Dame. Ich hätte ihr 5 Euro gegeben, aber sie blieb unbeirrbar und stur – obstinat –, wie mein bayerischer Lieblingskabarettist Gerhard Polt sagen würde. Ich war drauf und dran sie zu fragen, ob sie sich vorstellen könne, wie ein Parkinsonkranker unter Terminstress an einer Bäckertheke versucht, eine Brezel zu halbieren? Aber das verkniff ich mir. Im Zug schrieb ich dem Geschäftsführer eine Mail.

Zwei Wochen später testete ich den Bäckerladen noch mal, weil ich wieder in Frankfurt zu tun hatte. Dieses Mal waren die Damen hellwach. Sie schauten mich etwas betreten an, nachdem ich meinen Wunsch geäußert hatte, und griffen beim Stichwort »Brezel« reflexartig zum nächstbesten Messer. Nun kriegten sie es gebacken. Ich revanchierte mich mit einem vielsagenden Lächeln und rundete die Bezahlung kräftig auf. Blankes Entzücken in der Rüschenschürze.

**Ihr Parkis und sonstige Cousins und Cousinen von Herrn Parkinson, ihr Rolli-Piloten, lasst euch nicht die Butter von der Brezel nehmen.** Rührt euch charmant, wenn der Service der Mobilen lahmt.

Ich bedankte mich im Zug gleich per Mail beim Geschäftsführer und schlug die Butterbrezelkönigin zur Mitarbeiterin des Jahres vor. Er war total überrascht, kriegt er doch sonst nur Beschwerden serviert.

Hektik und Termindruck befeuern die Tremorsymptome. Ich muss mehr Zeit einplanen, überall früher vor Ort sein, Staus und Verspätungen einkalkulieren. Die Zeiten sind vorbei, wo ich abends nach einem Vortrag in München noch nachts heimgefahren bin. Der Terminkalender weist jetzt Pufferzeiten auf.

Im Frühjahr war ich in Wien zu einer Besprechung mit meinen osteuropäischen Kollegen und kam per Bahn relativ knapp auf dem neuen Flughafenbahnhof in Frankfurt an. Oben auf der Brücke zum Terminal stehen die ersten Quick-check-in-Automaten. Ausweis scannen, ID-Nummer eingeben und schon hat man sein Ticket und kann direkt zum Gate eilen. Aber das ist ein langer Weg. Ich stand unter Spannung und zitterte bei der Eingabe der Daten so heftig, dass ich Fehlermeldungen bekam und die Zeit bis zum Boarding davonrannte. Eine außergewöhnlich freundliche Mitarbeiterin der Fluggesellschaft sah meine Hilflosigkeit und erledigte in Sekunden meinen Check-in. Ich schob verlegen ein zaghaftes »Parkinson« hinterher, damit sie mich nicht für einen Trinker hielt. Sie war der Engel des Tages.

An einem Sonntagmittag fuhr ich nach einem Predigtdienst in der Nähe von Aschaffenburg auf der A45 zurück nach Marburg. Ich sehnte den Mittagsschlaf herbei, drehte die Musik kräftig auf und positionierte den Tempomat auf gepflegte 150 km/h. Irgendwann überholte mich ein Polizeifahrzeug und winkte mich raus. Sie lotsten mich auf einen Parkplatz und fragten freundlich, warum ich Schlangenlinien fahren würde. Ich, Schlangenlinien? Nie und nimmer!

Der Stresspegel trieb die Tremorfrequenz nach oben. Die Polizisten sorgten sich um mich. Ob sie einen Arzt holen sollten, ob ich etwas getrunken hätte und wo ich herkommen würde. Ich erklärte ihnen die Ursache des Zitterns und berichtete vom Gottesdienst, in dem ich heute gepredigt hatte. So, so …! Ob ich zu viel vom Messwein getrunken hätte? Die Lage entspannte sich. Nein, erstens sei ich evangelisch und zweitens feiere die Gemeinde das Abendmahl mit Traubensaft. Das war dem offenbar katholischen Beamten nun doch verdächtig. Über was ich denn gepredigt hätte. Nachdem ich zitternd weit ausholte, den Textabschnitt und den ersten Gliederungspunkt nannte, winkte er ab, wünschte mir eine gute Fahrt und ich ihm einen gesegneten Sonntag. Liebe Pastorenkollegen, solltet ihr mal in diese Verlegenheit kommen: Einfach die letzte Predigt vortragen, dann lassen die Ordnungshüter von euch ab.

Aber im Ernst: Ich sollte in der Mittagszeit wachsam sein. Der Sekundenschlaf schleicht sich hinterrücks an. 20 Minuten Rast, ein kleines Schläfchen, eine Tasse Espresso und erst dann wieder auf die Piste.

2011 wurde ich um einen Beitrag zur Jahreslosung 2012 gebeten. Zu den Autoren dieses Andachtsbuches gehörten Katrin Göring-Eckardt, Nikolaus Schneider, Günter Beckstein, Margot Käßmann, Hermann Gröhe und einige andere aus Kirche und Politik. Ich habe gern zugesagt, denn das war doch mein existenzielles Thema: »Jesus Christus spricht: Meine Kraft ist in den Schwachen mächtig.« Es sollte ein Mutmacherbeitrag werden. Kurz nach dem Erscheinen wurde das Buch auf einem christlichen Kongress vorgestellt. Der eifrige Kongressbuchhändler hatte ausgerechnet den traurigsten Teil meines Artikels als Leseprobe vorgetragen. Er hätte auch die überwiegend zuversichtlichen Aussagen rezitieren können. Das Buch ging weg wie selbst bestrichene Butterbrezeln.

In den Tagen darauf bekam ich eine Reihe besorgter Anrufe und Mails. Ein alter Pastor schrieb mir voller Fürsorge so herzerweichend, als müsse er mich auf die letzte Reise vorbereiten. Er wähnte mich offenbar bereits auf der Bahre. Die fromme Post liebt dramatische Neuigkeiten. Ich habe ihm humorvoll vermittelt, dass es mir gut gehe und ich heute Abend noch einen trockenen Rotwein der Lage »Westhofener Bergkloster« zu verkosten und eine gepflegte Zigarre zu rauchen gedenke. Das hat ihn wieder beruhigt.

Noch etwas aus der Kiste, die ich nur mit Humor öffnen kann.

»Tja, das tut mir leid für dich, aber ich kann deine Geschichte nachvollziehen. Meine Oma hat auch Alzheimer!« Das war so ziemlich das Heftigste, was ich mir bei einem Arbeitsessen mit einem Bekannten anhören musste, nachdem ich ihm eine halbe Stunde von Parkinson erzählt hatte. Ich konnte nur noch spöttisch reagieren: »Alzheimer? Hast du wirklich so schnell vergessen, dass ich von P. und nicht von A. gesprochen habe?« Und wenn einer anfängt, er könne meine Situation »nachvollziehen«, dann werde ich immer hellhörig und lasse mir berichten, was an meiner Krankheit nachvollziehbar ist. Nichts ist nachvollziehbar, es sei denn, die Nachvollzieher kämpfen selbst mit Herrn P. oder einem ähnlichen Leiden.

Ich werde nie vergessen, wie ich in der Universitätsklinik Erlangen einen todgeweihten Freund besuchte und zufällig noch ein anderer, mir unbekannter Mann ins Intensivzimmer kam. Ein anstrengender Phrasendrescher am Bett eines Todeskandidaten. Er dominierte die Konversation mit Belanglosigkeiten. Zum Abschied haute er dem Patienten auf die Schulter und rief allen Ernstes »Kopf hoch, Alter. Unkraut vergeht nicht!« Dann war er verschwunden.

Ob ein Leben gehalten und geborgen ist, das merkt man schnell an den Kommentaren, die angesichts des Todes mal verlegen, mal pausbäckig abgesondert werden. Wie viel geistige Armut und Hilflosigkeit wird da offenbar. Und wie viel Kraft geht von denen aus, die schweigen, leiden, um Worte ringen und vielleicht ein Gebet für den Patienten sprechen oder ein Trostlied singen können.

Sir Peter Ustinov hat einmal gesagt, dass es in einem abstürzenden Flugzeug keine Atheisten mehr gebe. **Ich behaupte, dass es am Bett eines Todkranken, der für die Ewigkeit geborgen und im Glauben getröstet ist, keine Atheisten mehr gibt.** Wer keine Hoffnung auf ein Leben danach hat, der hat am Bett eines Schwerkranken vielleicht nichts zu sagen, wohl aber etwas zu suchen.

# 11.
# Vom Risiko der Nebenwirkung

Wie antworte ich nun auf all die besorgten Fragen zu meinem Ergehen? Die Ursache von P. ist immer noch verborgen. Es gibt aus medizinischer Perspektive keine Aussicht auf Heilung. So bastelte ich mir eine laienhafte Erstinformation zusammen, eine kompakte Version für das Telefon sowie den eiligen Na-wie-geht's?-Typen und eine ausführliche Variante für die empathischen Freunde, die mit uns einen ganzen Abend verbringen. Meine Frau mahnt mich oft, nicht zu viele Worte zu machen. Es gibt schlimmere Schicksale, da wollen wir uns lieber hinten anstellen.

Morbus Parkinson ist eine chronisch neurologische Erkrankung, die zunehmend früher auftritt. Ich leide an einer Störung im unwillkürlichen Automatikbereich, hervorgerufen durch eine Störung des Transmitter-Gleichgewichtes. Die medizinische Hilfe besteht in der Verabreichung von künstlichen Dopaminen (L-Dopa), welche die Symptome kontrollieren und möglichst lange auf einem Niveau halten, damit die Patienten einigermaßen zurechtkommen. Die Dosierung und die Kombination diverser Präparate ist die hohe Kunst der Parkinsontherapie und braucht viel Erfahrung. Wenn diese Maßnahmen ausgereizt sind, bleibt in bestimmten Fällen die Implantation eines Hirnschrittmachers. Aber diese Perspektive schiebe ich weit weg.

Was hatte Sören Kierkegaard gesagt? **Die Sorge für den morgigen Tag ist Ausdruck einer heidnischen Lebenshaltung. Ich lebe heute; es ist genug, wenn jeder Tag seine eigene Plage hat** und dass jeder Tag ein unwiederbringliches Geschenk Gottes ist.

Nach einem Qualitätsranking im Frühjahr 2012 belegt die Neurologie der Universitätsklinik Marburg den ersten Platz in der Parkinsonforschung. Ich wohne also »parkigeografisch« ideal zentral und bin froh, dass ich nach der Emeritierung »meines« verehrten Neurologen in Gießen nun in der Uni-Klinik Marburg hervorragend betreut werde.

»Wir begleiten Sie durch diese Krankheit«, sagte das Arztehepaar, nachdem beide meinen Parkinsonbefund diagnostiziert hatten. Die Pharmaforschung entwickelt heute Medikamente, die den Betroffenen wesentlich bessere Perspektiven ermöglichen. Das klingt gut, schließlich geht es um einen wirtschaftlich höchst lukrativen Markt. Aber was nützen sie mir und wann schaden sie mir? Werde ich eine Veränderung meiner Persönlichkeit erleben? Das ist meine eigentliche Sorge.

So begann meine Karriere als Pillenschlucker. Bin ich bald eine wandelnde Apotheke? Soll ich mir schon mal ein Silberdöschen für die Hosentasche oder ein Tagesregister mit Fächern und Uhrzeiten besorgen? In der Apotheke erfuhr ich den hohen Preis für diese Einstiegsdroge. Ich danke Gott für meine Krankenkasse, die den Stoff bezahlt.

Meine ersten Tabletten gehörten zur Gruppe der sogenannten Dopamin-Agonisten, einer Substanz, die das fehlende Dopamin imitiert. Nach einem Jahr gesellte sich eine zweite Tablette dazu, auch eine aus der Pharmafamilie der Agonisten. Wieder ein Präparat mit einem Beipackzettel, den zarte Seelen besser nicht lesen sollten.

Bis zu diesem Zeitpunkt hatte ich in meinem Leben so gut wie nie Tabletten gebraucht. Der Parkinsonbefund traf auf einen ziemlich gesunden Körper und einen vitalen Geist. Meine Medikamente müssen nicht mit x anderen Tabletten gegen irgendwelche Vorerkrankungen harmonieren.

Ich war also bis dahin ein Glücksfall für meine Krankenkasse. Mit 57 Jahren erlebte ich den Einstieg in die mir gänzlich unbekannte Welt der Pillen. Kein Grund zur Klage. Ich kenne Parkis, die täglich zehn und mehr Tabletten brauchen und diese präzise zu festen Zeiten einnehmen müssen. Den Beipackzettel wollte ich erst gar nicht lesen. Meine Frau ist Kinderkrankenschwester. Sie studierte den Schrieb und sagte lapidar: »Nimm das Zeug! Einer von zehn wird zwar auffällig, aber du gehörst vielleicht zu den neun anderen, die es vertragen.« Irgendwann las ich den Waschzettel selbst durch: ein beängstigendes Gruselkabinett von Risiken und Nebenwirkungen. Aber ich habe keine Wahl. Ich begebe mich bei klarem Verstand auf den Weg in die Medikamentenabhängigkeit. Mir ist kein Medikament ohne Nebenwirkungen bekannt. Der primäre Befund gerät unter Kontrolle, aber die Medikamente bringen sekundäre Befunde hervor. So mein laienhafter Versuch einer Erklärung dieser komplizierten Krankheit. Aber es wird eifrig geforscht und das macht mich zuversichtlich.

Die Einnahme der Tabletten verbinde ich oft mit einem kurzen Gebet. *»Danke Gott, dass du die Forscher so genial befähigt hast, dass sie Wirkstoffe finden, die genau da andocken, wo die Symptome gesteuert werden, und da fernbleiben, wo sie Schaden anrichten könnten.«*

Jeder Krankheitsverlauf ist anders, man kann sich kaum an anderen orientieren. Das heißt, dass mein Verlauf schlimmer ausfallen kann als bei meinen Parki-Freunden oder aber auch besser. Manchmal tröstet mich diese Einsicht, manchmal macht sie mich traurig. Die ganze Schöpfung hat Risiken, Restrisiken, Nebenwirkungen und Kollateralschäden. Das ist Ausdruck der gefallenen Schöpfung. Sport ist gut gegen das Symptom Rigor, die allmähliche Versteifung der Gelenke. Zu viel Sport kann eben dieses Symptom noch verstärken. Und da ich gar nicht in der Gefahr stehe, mich als Triathlet zu verzehren, kommt mir das ganz gelegen. Mein Triathlon besteht im Sommer aus Fahrradfahren und Nordic Walking und im Winter aus Schwimmen.

Bisher habe ich meinen Körper als nützlichen Träger meines Kopfes betrachtet, jetzt beginne ich meine Physis kritisch zu beobachten. Die linke Seite lahmt, der schneidige Gang wird leicht zähfließend. Der Ein- und Ausstieg aus dem Auto wird zunehmend mühsamer. Der Magen toleriert tapfer den täglichen Pharmacocktail. Ob ich das in zehn Jahren auch noch sagen kann?

Aber das ist nach Sören Kierkegaard wieder die falsche, nämlich eine zutiefst heidnische Frage …

## 12.
# Parki-Genossenschaft

Eine ermutigende Erfahrung war die Entdeckung von Leidensgenossen, die wie ich im theologischen Bereich tätig sind: Pfarrer, Theologen, Geschäftsführer und Vorstände von Non-Profit-Institutionen und leitende Leute im kirchlichen und diakonischen Bereich. Mit der beiläufigen Bemerkung meines Neurologen (»Wieder ein Pastor«) im Ohr habe ich ganz schnell Kontakte bekommen. Inzwischen treffen wir uns in unregelmäßigen Abständen zum Erfahrungsaustausch, zum Kaffeetrinken und zu Fachbeiträgen unseres Senior-Neurologen, der nach Beendigung seiner Praxisarbeit nun in der Forschung in Marburg tätig ist.

Der erste Parki-Genosse war einer meiner Kollegen, Leiter unserer französischen Tochterorganisation, ein Pfarrer aus dem Elsass. Er ist seit mehr als zehn Jahren unter Medikamenten und trägt tapfer seine Behinderung, die sich besonders im Tremor zeigt. Er war mein erstes Vorbild.

Das zweite Vorbild wurde mir ein Pastor, den ich während meines Studiums in Chicago kennengelernt hatte und der jetzt eine Gemeinde im Raum Hannover aufbaut.

Auch er ist seit über zehn Jahren dabei und verfügt über viele wertvolle Erfahrungen, von denen ich profitiere. Er ist für mich ein Vorbild im Glauben, durch das ich sehr ermutigt wurde.

Der Dritte im Bunde war ein Unternehmer, mit dem ich im Vorstand einer christlichen Organisation Verantwortung trage. Er sah immer gepflegt und aufrecht aus, bis uns eines Tages sein eigentümlicher Gang auffiel. Und dann machte hinter vorgehaltener Hand das hässliche Wort »Parkinson« die Runde. Über unserem gemeinsamen Problem sind wir gute Freunde geworden. Wir bauen uns gegenseitig auf und genießen die schönen Dinge des Lebens. Während ich diese Zeilen schreibe, unternehmen wir beide eine zweitägige Tour durch die Eifel. Mit einem außergewöhnlichen Auto. Es hat nur zwei Türen, und die gehen nach oben auf.

**Seitdem ich mein Leben mit Herrn P. teile, tue ich die schönen Dinge des Lebens bald, nicht irgendwann. Demnächst tue ich sie gleich, nicht bald. Meine Frau sorgt dafür, dass nichts aufgeschoben wird.**

Als ich einen meiner besten Freunde in meine Krankheit einweihte, nannte er mir den Namen eines Unternehmensberaters, den ich vor 15 Jahren mal im Urlaub auf Korsika getroffen hatte. Der Mann sei auch seit vielen Jahren von Parkinson betroffen. So machten wir einen Termin aus und besuchten ihn und seine Frau. Ich war sehr aufgeregt und in Sorge. Wie stark würde er von der Krankheit gezeichnet sein? Wie hinfällig ist ein Mann nach zehn Jahren hoher Medikamentendosis? Aber zu unserer Überraschung öffnete uns ein strahlender Mittfünfziger und bat uns in sein schönes Haus. Er servierte uns zitterfrei ein kühles Hefeweizen und so kamen wir schnell in eine lockere Konversation. Nach meiner ersten depressiven Phase war diese Begegnung für meine Frau und mich eine große Ermutigung

Kurze Zeit später rief mich ein befreundeter Professor aus Gießen an und brachte mich mit einem Parkinsonkranken zusammen, der wie ich als Geschäftsführer eine gemeinnützige Organisation leitet; sie leistet christliche Bildungs- und Sozialarbeit in Afrika. Der Mann jettet ständig zwischen Hessen und Afrika hin und her, und das mit acht Jahren Parkinson im Kopf. Ein Vorbild an Disziplin, ein durchtrainierter 60er, voller Tatendrang. Er schafft es – im Gegensatz zu mir –, sich regelmäßig ins Fitnessstudio zu begeben.

Eines Tages beobachtete ich in der alten Aula der Marburger Philipps-Universität einen emeritierten Professor. Sein Gang sah ganz typisch nach Parkinson aus. Ich sprach ihn nach dem Vortrag beim Stehempfang auf seine Gesundheit an, wir fühlten uns sofort verbunden. Kurze Zeit später kam eine Religionswissenschaftlerin dazu, die auch mit Parkinson zu kämpfen hat.

Inzwischen sind wir 20 Betroffene mit Ehepartnern. Diese zuversichtliche Leidensgemeinschaft tut uns allen so gut. Uns verbindet die gemeinsame Überzeugung, dass wir unsere Situation im Glauben annehmen und im Heute leben wollen, nicht in der Angst vor morgen.

Ich möchte jeden Leidensgenossen ermutigen, Kontakte zu knüpfen und Gemeinschaft zu suchen. Isolation ist schlimmer als Morbus Parkinson. Ich habe bisher nicht bereut, mich zu meiner Erkrankung bekannt zu haben. Ich bin mir aber auch der Gefahr bewusst, dass mich manche Leser künftig nur über meine Behinderung wahrnehmen werden. Andere werden mich abhaken, weil ich nicht mehr die gewohnte Leistung erbringe. Damit lebe ich jenseits der 60 gern. Vor fünf Jahren wäre ein solches Outing zu früh und vielleicht sogar für meine Familie und meinen Beruf existenziell schädlich gewesen. Ich gebe immerhin etwas höchst Persönliches von mir preis. Ich lasse wildfremde Menschen in einen sehr sensiblen Bereich meines Lebens schauen. Aber meine Parki-Genossenschaft hat mich nach der Lektüre einer Leseprobe sehr ermutigt, weiterzuschreiben und meine Erfahrungen zu veröffentlichen. **Wer ermutigen will, muss die Festung verlassen und auch bereit sein, sich verletzlich zu machen.**

# 13.
# Geschüttelt und gerührt

Jeder Mensch verfügt über genetisch veranlagte, erworbene und gereifte oder verkümmerte Charaktereigenschaften, die sein Leben und das der anderen entweder bereichern oder belasten. Vereinfacht und etwas plakativ betrachtet heißt das, dass ein leicht entflammbares Gemüt hinreißend romantisch und empathisch sein kann, aber auch in der Lage ist, zornig zu explodieren. Das Pendant dazu steht nicht in dieser Gefahr, weil es eher das Temperament eines trockenen Spaßverweigerers hat. Ein solcher Typ verausgabt sich ganz selten mit Komplimenten. Emotionen sind für ihn Frauensache. Er rastet fast nie aus, kann sich aber auch für nichts richtig begeistern. Er ist zu stolz, um weinen, und zu verklemmt, um befreit lachen zu können.

**Mein Eindruck in der Beobachtung von Parkinsonkranken ist, dass dominante Wesensmerkmale durch die typische Parkinsonsymptomatik noch verstärkt werden.**

Wenn ich als gesunder Mensch beim Hören bestimmter Musik Gänsehaut bekomme und mir die Augen feucht werden, dann setzt sich das Parkinsonsymptom genau auf diese Emotion und verstärkt sie massiv. Ich habe

Musik schon immer körperlich erlebt, nicht nur akustisch in den Gehörgängen. Wenn ich früher Georg Friedrich Händels Orgelkonzerte oder Bachs Orchestersuiten gehört habe, dann vibrierte ich am ganzen Körper. Musik hat bei mir schon immer »subkutan« gewirkt, sie geht unter die Haut. So, wie es Herbert Grönemeyer in seinem anrührend rockig-romantischen Lied »Sie mag Musik nur, wenn sie laut ist« über ein taubes Mädchen beschreibt. Der kirchliche Klassiker »Nun danket alle Gott mit Herzen, Mund und Händen« bringt genau das zum Ausdruck: mit allen Sinnen – mit Leib, Seele und Geist den besingen, der uns begabt hat.

Als wir Ende der 80er-Jahre in Chicago lebten, besuchten wir ein Open-Air-Konzert im Ravinnia Park, nicht weit vom Lake Michigan entfernt. Tausende Menschen saßen – umgeben von Picknickkörben – auf dem Rasen und lauschten einem Revival-Konzert mit »Peter, Paul and Mary«. Da liefen alle Lebensfilme rückwärts in die Zeit von »How many roads« und »Puff, the magic dragon« und der sprichwörtlichen 68er-Jahre. Wenn diese neumodische Phrase »Was macht das mit mir?« Sinn ergeben soll, dann hier. Musik macht was mit mir. Musik bewegt Leib und Seele.

22 Jahre später, an einem kühlen Juniabend 2012, waren meine Frau und ich mit befreundeten Ehepaaren beim Rheingau-Musikfestival in der Basilika des Klosters Eberbach. Wir versuchen jedes Jahr früh genug eines dieser begehrten Konzerte einzuplanen. Ludwig Güttler mit dem Kammerensemble »Virtuosi Saxoniae« spielte Bach, Hän-

del, Telemann, Mozart und den mir bis dahin unbekannten Johann Friedrich Fasch. Obwohl wir nur noch in der 44. Reihe Platz gefunden hatten, erreichte mich diese göttliche Musik ganzkörperlich. Das erstklassige Kammerorchester befächelte ein andächtiges Auditorium mal mit scheuen, zarten und filigranen tonalen Kreationen, um sie im nächsten Satz im Fortissimo-Format derart heftig zu bestürmen, dass man im Stillen den Baumeistern der Zisterzienser für ihre solide Arbeit vor 875 Jahren dankte. Dieses Klangerlebnis »bewegte« mich und breitete sich heilend über mein gebrechliches Gemüt aus. Ich spürte Himmelssehnsucht, ich sehnte mich nach Erlösung aus dem Zittergefängnis eines so schönen und doch so vergänglichen Lebens.

Musik entrückt mich immer wieder vorübergehend in den Himmel. Himmel ist ja kein Ort, Himmel ist ein Zustand, eine Qualität: die ungetrübte und vollkommene Gemeinschaft mit Gott.

Auf dem Weg zu diesem ultimativen Finale verlieren wir alle – ob gesund oder krank – nach und nach die Fähigkeit der Reproduktion unserer Zellen. Wir bauen ab. Irgendetwas geht irgendwann nicht mehr. Ich gebe gern zu, dass der Titel »Alles außer Mikado« nach und nach verschämt weitere Untertitel aufweist: Es geht alles außer Klavierspielen, alles außer Gesangssoli, alles außer liturgischen Handlungen, alles außer Zweihändig-Computerschreiben, alles außer feinmotorischer Heimhandwerkerschaft.

Mit der Musik ging es los. Ich war der geborene Sänger. Nach Beendigung der aktiven Zeit als Chordirigent und Solist musizierte ich mit zwei begabten Musikern unserer Gemeinde einmal im Monat im Gottesdienst. Klavier, Gitarre und dreistimmiger Männergesang. Neben den diversen Musikteams aus der Jugendarbeit unserer Gemeinde hatten wir einen festen Platz in der Liturgie. Die Gemeinde liebte unseren Stil und das eher klassische Repertoire. Aber irgendwann hat sich Herr P. auch in diesem Lebensbereich frech niedergelassen und dafür gesorgt, dass jeder Auftritt zunehmend zu einer Tortur für mich wurde. Die Lieder haben mich so tief berührt, dass der linksseitige Tremor immer stärker meine Auftritte beschädigte. Zunächst konnte ich vor lauter Zittern die Notenblätter nicht mehr sortieren, dann wurde es schwierig, das Mikrophon zu halten. Irgendwann fiel es mir schwer, mich am Stativ festzuhalten, und schließlich konnte ich beim Singen nicht mehr stehen. Zunächst habe ich es mit einem Hocker versucht, aber auch das war auf Dauer keine Lösung. Ich musste einsehen, dass solche Auftritte künftig mühsamer werden. Als ich das erste Mal meine beiden Musikerkollegen allein auf die Bühne lassen musste, brachen die Tränen aus meiner verletzten Seele. Das war der erste Abschied von einer mir lieb gewordenen Aufgabe im Gottesdienst.

**Geschüttelt und gerührt – frei zitiert und dezent variiert nach James Bond – das ist die treffende Beschreibung meiner neuen Befindlichkeit.**

Mit welcher Begeisterung habe ich früher Gitarre und Klavier gespielt – eher laienhaft, improvisiert, nie nach Noten! Wie oft ging ich früher spontan zum Klavier, wenn kein gelernter Pianist da war! Das gehört nun der Vergangenheit an. Das zweihändige Klavierspiel geht inzwischen nicht mehr so gut. In diesem emotionalen Lebensbereich, der mir persönlich so viel bedeutet, hat Herr P. nun das Sagen. Und der versteht nichts von Musik, gar nichts!

Das gilt auch für die Sympathie und Empathie gegenüber Schwachen. Ich habe an menschlichen Schicksalen schon immer stark Anteil genommen. Am Bett schwer kranker Menschen oder am Sarg mir nahestehender Menschen wurde ich schon immer dünnhäutig. Ich kannte mich oft selbst nicht mehr wieder.

So bat mich meine Mutter schon vor Jahren, sie einmal zu beerdigen. Ich möge wenigstens die Trauerpredigt übernehmen. Diesen letzten Dienst hätte ich meiner geliebten Mutter so gern erwiesen, aber ich musste ihr inzwischen absagen. Es geht einfach nicht mehr. Eine Trauerfeier braucht einen seelisch und körperlich gesunden Geistlichen, sonst sargt der Sargsorger versehentlich den Seelsorger ein.

Was ich auch vermeide, sind feierliche Amtshandlungen, wie zum Beispiel Trauungen. Wenn das Brautpaar schon nervös ist, braucht wenigstens der Traupastor eine ruhige Hand, besser noch zwei. Traupredigten übernehme ich gern, aber feierliche Rituale überlasse ich besser den zitterfreien Amtskollegen.

Seit 20 Jahren bin ich an der Ordination von Absolventen der Evangelischen Hochschule Tabor beteiligt. Im 20. Jahr meiner Vorstandstätigkeit im Stiftungsrat musste ich mich vorerst aus dem Dienst öffentlicher Amtshandlungen zurückziehen. Das verträgt sich nicht mit den heftigen Zitterattacken, die sich allein beim Anblick der Absolventen einstellen, die ich im Unterricht prägen und begleiten durfte. So kommt eins zum anderen. Es wird mehr als Mikado sein, was künftig nicht mehr geht.

Aber ich will meine Lebensberufung nicht aufgeben. Ich kenne keine Aufgabe, die mich mehr erfüllen könnte, als Menschen durch Predigt und Lehre geistliche Orientierung zu geben. Trotz Parkinson. Bei abstrakten Lehrvorträgen ist das auch kein Problem, aber bei Predigten werfe ich mein ganzes Gemüt in die Waagschale. Authentisch predigen heißt ja zunächst mir selbst zu predigen, mich selbst dem Anspruch des Wortes Gottes zu stellen, von mir und meinen Zweifeln und Anfechtungen zu sprechen. Ich lege den Bibeltext aus, der mich in der Predigtmeditation tief berührt und mich ins Gespräch mit Gott getrieben hat.

Es ist eine erschütternde Erfahrung, dass der Tremor immer dann einsetzt, wenn ich Gelassenheit brauche. Ich bekomme eine Ahnung von der Bedeutsamkeit der biblischen Formel »mit Furcht und Zittern«. Meine Kanzelauftritte werden zaghafter, zerbrechlicher, sind nicht mehr so formvollendet in der Performance.

Ich kann nicht mehr vollmundig predigen, seitdem ich jeder Predigt entgegenzittere: Gelingt es oder gelingt es nicht?

Die verblüffende Einsicht lautet: Bisher ist es immer gelungen. Aber ich kläre vor den Auftritten die Konditionen. Ich brauche ein festes Pult. In einer Zeit des filigranen und transparenten Kanzelmobiliars oder des gänzlich pultfreien und freihändigen Predigtstils bin ich an dem Punkt angekommen, wo ich wieder für eine wuchtige und standfeste Kirchenkanzel dankbar bin. Massive Eiche, eine Festung, ein Turm. Eigentlich bin ich viel lieber dicht bei den Hörern. Die »Bütt« ist mir viel zu weit weg, aber jetzt bin ich auf einmal auf den Schutz dieses stabilen Gehäuses angewiesen, um meine Standfestigkeit zu sichern.

Etwas Festes braucht der Parki. Wackelige Stehpulte und strauchelnde Notenständer gehen überhaupt nicht. Gläserne Kanzeln? Bitte nicht! Ich bin froh, wenn ich mein schlotterndes Fahrgestell hinter der Kanzelwand verbergen kann. Und die Dinger müssen möglichst geräumig sein, denn Herr P., meine lästige schlechtere Hälfte, steht ja immer mit mir auf der Kanzel. Er drängelt sich immer stärker nach vorn.

So hatte ich im Januar 2011 im ehrwürdigen Bremer Dom zu predigen. Das riesige Kirchenschiff war fast voll besetzt, als mich der Dompfarrer zu meinem Platz geleitete. Mit Schrecken sah ich ein leichtfüßiges Lesepult neben dem Altar stehen. Ich bat den Hausherrn, den Treppenaufgang zur Kanzel aufschließen zu lassen. Die Kanzel wurde offenbar nur selten genutzt. Man versprach mir, den Küster zu informieren und ich war beruhigt. Der Chor schickte das letzte Lied mit beeindruckendem Nachhall durch das gigantische Gewölbe und ich begab mich zur Kanzeltreppe. Aber die Tür war verschlossen. Ein kurzes Stoßgebet – schließlich bin ich ein Blues Brother, nämlich im Auftrag des HERRN unterwegs – und dann ging ich orthopädisch einigermaßen auffällig zum filigranen Designerstehpult. Ein wahrhaft schlankes Gebilde. Ob der Künstler jemals gepredigt hat? Es half alles nichts, ich Wackelkandidat musste nun ran.

Zu meinem großen Erstaunen ging alles phantastisch. Herr P. hatte nichts zu melden. Der Tremor schlug erst zu, nachdem ich AMEN gesagt hatte. Das sind die kleinen Wunder, die das Gottvertrauen aufladen. Von der Sorte habe ich viele erlebt.

An meinem 60. Geburtstag bekam ich von meinen Kolleginnen und Kollegen Tickets für ein Grönemeyer-Konzert auf der Berliner Waldbühne geschenkt. Gute Idee. Die schlechte Idee hatten meine Frau und ich, indem wir kleidungsmäßig auf einen lauen Sommerabend gesetzt hatten. Als Herbert so richtig loslegte, waren wir bis auf die Haut durchnässt. Es goss nämlich wie aus Kübeln. Die Berliner kennen das und waren in voller Regenmontur erschienen. Nach der Hälfte des Programms bekam ich eine derart grobmotorische Zitterattacke, dass ich kaum noch die endlosen Treppen zum Ausgang hochkam. In der Hoffnung, dort ein Taxi zu finden, das uns zur S-Bahn bringen würde, wankte ich mit letzter Kraft raus auf den Vorplatz. Aber da war kein Taxi. Zum Glück haben mich nette Erste-Hilfe-Männer aufgegabelt und in Sicherheit gebracht. Bald war ich innerlich mit heißem Tee und äußerlich mit wärmenden Decken aufgeheizt. Und dann kam der Engel von Berlin. Eine nette Frau fuhr am Haupteingang vor und bot sich an, uns nicht bloß zum S-Bahnhof, sondern gleich in unser Hotel zu bringen. Bisher dachte ich immer, die Engel seien nur im Himmel. In Berlin gibt es wenigstens einen auch auf Erden.

Geschüttelt und gerührt, statt sportiv und cool – in dieser neuen Welt bin ich angekommen. Ich bin angekommen, aber nicht heimgekommen. Mein Leib, einst eine Festung, gleicht jetzt einer Baracke. In diesem wackligen Gebäude will ich erst gar nicht heimisch werden. »Ich bin ein Gast auf Erden«, schreibt Paul Gerhardt.

Helmut Thielicke, der hochgeschätzte Theologe, hat seine Lebenserinnerungen mit dem Titel »Zu Gast auf einem schönen Stern« überschrieben. Dem Motto schließe ich mich gern an. Die ultimative Heimat ist »jenseits von Eden und Beben«.

An meinem 60. Geburtstag trat zu meiner Überraschung ein Chor auf, den ich vor 20 Jahren dirigiert hatte. Die Sänger waren spontan aus ganz Hessen zusammengekommen, um mir ein nostalgisch-musikalisches Ohrenvergnügen zu bereiten. Am Anfang des Konzerts stand ein Titel von Manfred Siebald, einem der bekanntesten zeitgenössischen christlichen Liedermacher:

*Wollte ich nicht für mein Leben gern die Quelle sein. Wollte entspringen aus mir selbst, in mich hinein. Doch alle meine Brunnen sind versiegt, mein Leben wurde dürres Land; kein Vogel, der zu meiner Quelle fliegt – er fände doch nur Staub und Sand.*

*Herr, meinen Durst nach Leben stillst nur Du allein. Ich will im Strom Deines Lebens eine Welle sein. Nur eine Welle, die vor Freude schäumt, weil sie in Dir entspringt und die noch im Zerfließen davon träumt, dass sie den Durst'gen Wasser bringt.*

*Wollte ich nicht für mein Leben gern die Feder sein? Brachte mich selbst in Schwung, lief in den Tag hinein. Doch meine Kraft erlahmte vor der Zeit; was selbst lief, blieb auch selber stehn, und wie ein Rost zerfraß mich Müdigkeit – es wollte nicht mehr weitergehen.*

*Herr, alle Kraft zum Leben kommt aus Dir allein; ich will in Deinem Werk nur eins der Räder sein. Nur eins der Räder, das sich um Dich dreht, aus Deiner Kraft, wohin Du lenkst; das für Dich läuft und vor Dir stille steht, geradeso, wie du es denkst.*

Das ist mein Lied. Jede Strophe spiegelt meine angefochtene Existenz wider. »*Was selbst lief, blieb auch selber stehn …*«*

Der aufrechte Gang des »Homo erectus« läuft unbewusst vollautomatisch. Die Bewegungsabläufe sind präzise gesteuert, geschmeidig im Ablauf, immer die Vertikale auspendelnd. Das ist der unwillkürliche Automatikbereich. Es läuft von selbst. Wir geben den Armen ja keine Befehle, beim Laufen zu schlenkern. Leider setzt diese unwillkürliche Automatik beim Parki irgendwann aus. Im fortgeschrittenen Stadium kann es passieren, dass er sich mitten in einer Fußgängerzone nicht mehr fortbewegen kann. »Freezing« nennt man das bezeichnenderweise. Der Bewegungsapparat friert ein. **Aber ich bin guter Zuversicht, dass ein warmes Herz und Gemüt das zu befürchtende »Free-**

* »Singt das Lied der Lieder«, Band 2, SCM Hänssler, Holzgerlingen

**zing« zum Tauen bringen wird. Ich habe keine Angst davor. Ich lebe heute.** Und wenn ich übermorgen »einfrieren« sollte, dann wird mich wer auftauen und wieder in Bewegung versetzen.

## 14.
# Disziplin? Ab morgen!

Zehn Kilo weniger würden mir guttun. Ich pendle seit 30 Jahren zwischen einem Gewicht von 85 und 95 Kilogramm, und das bei einer Körpergröße von 184 Zentimetern und kräftigem Knochenbau. Seitdem ich die Parki-Tabletten zu mir nehme, bin ich auf einmal bei 100 Kilo. Das geht mir an die Eitelkeit. Meine Frau sagt es täglich, meine Physiotherapeutin wöchentlich, mein Coach thematisiert es monatlich, meine Ärzte sagen es quartalsweise: »Hintern hoch! Gewicht runter!« Sie sagen es charmanter, aber die derbe Variante ist wirkungsvoller.

Morgen fange ich an. Heute regnet es oder es ist zu kalt oder zu warm für: Nordic Walking, Biking, Jumping, Spinning, Stretching, Climbing, Hiking, Lifting, Swimming, Jogging, Rafting, Canyoning, Paragliding. Früher haben sich die Leute bewegt, heute wird »gemoved«! Mein Opa hat vor 50 Jahren schon Nordic Walking gemacht, der ging auch am Stock. Und der war mit Plaketten benagelt – der Stock. Heute wird englisch gemoved. Wie wäre es mit »Fresh-air-Snapping« oder »Mushroom-Searching«, wie Gerhard Polt einmal gefragt hat?

Ich bewundere die Parki-Gefährten, die mit eiserner Disziplin Sport treiben. Mir hingegen tut das Relaxing besonders gut.

Aber im Ernst, die Parki-Medikamente haben eine gewisse Disziplinlosigkeit im Gepäck. Nicht mit der Arbeit aufhören zu können, nicht mit dem Essen aufhören zu können, nicht aus dem Internet rauszukommen. Das ist neu und es ist ernst zu nehmen. Gottes »Bodenpersonal« lebt öffentlich. Die Leute erwarten Glaubwürdigkeit, Verschwiegenheit und Zuverlässigkeit. Dieser Erwartungsdruck wirkt sich bis in die Pfarrhäuser aus. Da soll alles vorbildlich sein. Bei Politikern interessiert die Öffentlichkeit kaum noch, wenn das Privatleben beschädigt ist. Aber das theologische und diakonische Personal soll gefälligst das leben, was die Kirche von ihren Mitgliedern erwartet. Wir wissen das, wir predigen oft über Demut und authentisches Christsein. Dass wir zuerst Priester unserer Ehen und Familien sind und dann erst im Beruf und in der Öffentlichkeit. Wir kennen die Risiken, wir sind oft genug gewarnt worden, wir haben schon längst verstanden.

Schon lange vor der Parkinson-Diagnose war mir das Risiko meines rastlosen Lebens bewusst. Und ich entdecke in manchen Leitungsgremien immer mehr »Knechte« meines Formats, die blass, übergewichtig und müde in die Laptops, Tablets und Smartphones starren. **So sind wir hier und da, immer online, immer verfügbar. Aber wir sind nicht mehr bei uns selbst, bei unseren Kindern und Ehefrauen. Wir sind getrieben, nicht mehr gehalten.** »Social media« verspricht uns stark vernetzte »community« – Gemeinschaft, aber in Wahrheit verlieren wir viel Freiheit und die virtuelle Kommunikation nimmt das Gegenüber oft nur noch als Informationsträger wahr, nicht als Persönlichkeit.

Wenn wir uns von keinem mehr beraten lassen, dann mahnt uns unser Körper. Tinnitus, Schlafstörungen, Diabetes, Herz- und Kreislauferkrankungen schauen uns drohend über die Schulter, aber wir machen weiter. Alles für den HERRN. Die Sache Gottes hat Eile. Des Lebens beste Kraft wird in der Sitzung weggerafft.

Ich reise gern mit der Bahn, da bin ich bewusst offline, ohne Anschluss, Laptop im Koffer, Handy aus. Nur ein Buch in der Hand, kein Interesse an Plaudereien, kein Balzgehabe mit wichtig wirkenden Kommunikationsgeräten. Die Typen um mich herum sind sowieso zugestöpselt mit ihren iPads, iPhones und iPods. Einsam mit der ganzen Welt vernetzt. Einsamkeit – die neue Befindlichkeit der Onliner. Und das auf dem Höhepunkt der besten und schnellsten Kommunikationsmedien, die uns pausenlos zutexten und uns mit unzähligen Bildern das Gedächtnis verkleben.

Meine Frau hat mir das alles längst gesagt. Sie wollte mich schützen, sie war eine der Vorboten. Ich war zwar leiblich da, aber ich war auch permanent geistig weggetreten. Die starke Frau an meiner Seite kämpft für ein intaktes Privatleben. Sie leistet das komplette Familienmanagement, Haus und Garten, den privaten Schreibkram, obwohl sie auch berufstätig ist. Der Herr Gemahl ist ja zu

Höherem berufen. Irgendwann sagte sie zu mir: »Du bist mit deinem Computer verheiratet!« Ich fand das banal und zu klischeehaft. »Aber nicht doch, mein Schatz, nur noch diese Mail.« Irgendwann ist sie dann allein zu Bett gegangen. Und dann habe ich mal nachgerechnet, wie viel Zeit ich zu Hause mit meiner Frau verbringe und wie viel mit meinem kleinen schwarzen Kommunikationsassistenten. Diese Einsicht war nicht banal, sie war frustrierend.

Ich liebe meine Arbeit und tue sie mit Begeisterung, rund um die Uhr. Ich komme abends aus dem Büro und mache zu Hause direkt Fortsetzung am Laptop. Selbst vor dem Fernseher bearbeite ich nebenbei Mails. Ich bin ein Kommunikationsknecht geworden. Alles für den HERRN? Da bin ich mir schon lange nicht mehr sicher.

Als unsere Kinder klein waren, war ich im Jahr bis zu 150 Tage beruflich unterwegs. Das war völlig normal. Aber wenn ich dann zu Hause war, war ich wirklich zu Hause, auf der Baustelle unseres Eigenheimes, im Garten, mit der Familie unterwegs. Heute gibt es kaum noch Grenzen zwischen Privatem und Geschäftlichem, es fließt alles ineinander, weil wir überall online und einsatzfähig sind. Alles ist Büro, alles ist Dienst. Selbst im Krankenbett sind wir Knechte der ständigen Verfügbarkeit. Und unser Gehäuse verfällt: das, was die Bibel einen Tempel des Heiligen Geistes nennt.

Ob Parkinson meinen Arbeitsstil verändern wird, kann ich noch nicht sagen. Ich übe. Meine Frau bleibt charmant skeptisch. Aber sie liebt mich und verliert nicht den Humor. Wenn es ganz schlimm wird, zieht sie den Stecker raus und scheucht mich zum Sport oder zur Hausarbeit.

Ja, ich esse gern. Aber ich kann auch vielen Versuchungen widerstehen: zum Beispiel Rohkost, Magerquark und Tee, Zwieback und Reiskeksen. Da bin ich total diszipliniert! Nur, bei Gebratenem und Süßem, auch mal einem gut temperierten Rotwein oder dem »Hopfenblütentee« aus einer fränkischen Privatbrauerei, da verzehrt sich meine Widerstandskraft. Für ein großzügig geschnittenes Stück »Ahle Worscht« aus meiner nordhessischen Heimat lasse ich jedes Wirsing-Soufflé an Biokaröttchen und sogar eine gedünstete, mit Soja gefüllte Erbse stehen.

Wenn sich dann das Hüftgold da etabliert, wo wir gern den Gürtel enger schnallen würden, sprechen wir verlegen vom »erweiterten Speck-drum«. Kürzlich habe ich mich dabei ertappt, dass ich mir an einer Autobahnraststätte tatsächlich eine Tüte feuriger Chips gekauft habe. Zum ersten Mal in meinem Leben. Bin ich verrückt? Disziplin – wo bist du? Schieben wir es auf die Nebenwirkungen. Herr P. verdirbt meine Ernährungsgewohnheiten. Aber ich kann es ändern: Crosstrainer, Mountainbike, Trampolin, Walkingstöcke, alles ist da. Ich muss nur losgehen. Und zu meinem Lieblingsthermalbad sind es gerade einmal 30 Minuten. Es ist alles nur eine Frage der Disziplin.

Ich las von Rupert Lay, dem Philosophen, katholischen Theologen, Unternehmensberater und Psychotherapeuten, dass er bei seinen Seminaren für ausgebrannte Manager drei Bedingungen zur Teilnahme stellt:

- Die Teilnehmer müssen ihr heiliges Blechle, ihr Auto, zwei Kilometer vor einer abgelegenen Berghütte parken. Die Herren müssen also mit ihren feinen Schuhen durch den Kuhfladenparcour zum Tagungsort laufen. Viele Männer fühlen sich bedeutungslos, wenn sie ohne Statussymbol vorfahren. Sie kommen als ein Nichts an. Sie werden auf die wahren Qualitäten ihres Lebens reduziert.
- Die Teilnehmer müssen Handys und Laptops zu Hause lassen, denn die Hütte steht außerhalb stabiler Funkfrequenzen. Eine Qual, eine Tortur für uns Onlineknechte. Eine heilsame Kur, ein Entzug der ganz schmerzlichen Sorte.
- Die Teilnehmer dürfen an den Seminartagen über alles reden, nur nicht über Kennzahlen ihres Unternehmens, nicht über akademische Abschlüsse und ihre Karriere. Was soll dann ein Mann noch reden? Unter diesen Vorgaben hat er fast nichts mehr zu sagen. Er wird stumm. Und erst dann spricht er vielleicht über den eigentlichen Mangel seines Lebens.

Die Akzeptanz der Teilnahmebedingungen bedeutet schon die Hälfte des Erfolgs dieses Seminars.

Es muss nicht immer gleich ein Seminar der Spitzenklasse sein. Vielleicht reicht es schon, einem guten Freund das Mandat zu erteilen, mein Leben kritisch zu begleiten, genau hinzuschauen und mich früh zu warnen. Viele Führungskräfte sitzen in Aufsichtsräten, um Aufsicht zu führen, aber wem haben wir die Aufsicht über unser einmaliges und kostbares Leben erteilt?

# 15.
# Zweifelhaftes und Glaubhaftes

Ich schreibe dieses Kapitel während der Fußball-Europameisterschaft 2012. Unsere so hoffungsvolle Truppe ist im Halbfinale gegen Italien ausgeschieden. Als das 2:0 fiel, bin ich auf die Terrasse gegangen und hab frustriert in den beleuchteten Springbrunnen gestarrt. Ich wollte mir das Elend nicht mehr antun. Beim Elfmetertor kurz vor dem Abpfiff hat die Nachbarschaft nur noch verhalten gebrüllt. Ich bin dann wieder ins Haus vor den Fernseher gezogen, wo meine frustrierte Liebste den Niedergang ziemlich lustlos verfolgte. Als Thomas Müller mit dem Trikot über dem Kopf in Tränen ausbrach, hab ich die Deutschlandfahne eingepackt. Sie kommt bei der WM 2014 wieder zum Einsatz.

Was hat das mit meiner Parkinsongeschichte zu tun? Viel! Das Leben ist kein Ponyhof und auch kein Mikadospiel, aber es gleicht vielleicht einem Fußballspiel. Ich fühle mich wie 1:1 oder 0:0, wenn ich nach einem Sinn meiner chronisch-neurologischen Erkrankung suche. Ich fühle mich »unentschieden«, im Zweifel, ob der allmächtige Gott mit meinem kleinen Leiden vertraut ist. Ich schimpfe jeden Tag mit dem geheimnisvollen Herrn P., vielleicht weil ich mich nicht traue, Gott selbst anzuklagen. Mein Mietnomade P. untergräbt mein Weltbild und mein Gottesbild. Aber ich rede täglich mit Gott, ich bete, als gäbe es keine Zweifel. Ich bringe ihm meine Trauer mit dürren Worten. Ich trage ihm meine Enttäuschung vor, dass ich noch nie von einer übernatürlichen Heilung eines Parkinsonkranken gehört habe. Selbst wenn ich nicht in den Genuss kommen sollte, es würde mein Vertrauen in die Macht Gottes stärken, wenn er nur einmal symbolisch einen Zittermann ruhigstellen würde. Das wäre eine große Segnung für mein zweifelndes Gemüt.

Ich könnte vom Glauben abfallen, wenn ich zuweilen euphorische Erfolgsmeldungen von zweifelhaften Heilungspredigern höre. Da werfen Gehbehinderte die Krücken weg und andere werden für immer von Migräne befreit. Aber dass Menschen von neurologischen Leiden – wie Parkinson – geheilt wurden, davon hört man nichts in den Erfolgsmeldungen dieser enthusiastischen Frömmigkeit. Bis auf die römisch-katholische Ordensfrau Marie Simon-Pierre, die zu Papst Johannes Paul II. gebetet hat und von Parkinson geheilt worden sein soll. Aufgrund dieses Heilungswunders wurde Johannes Paul II. am 1. Mai 2011 selig gesprochen.

Auf die Idee, zu einem verstorbenen Menschen zu beten – auch wenn er von Beruf Papst ist –, bin ich bisher nicht gekommen. Ich ehre Mütter und Väter des Glaubens, ich lerne von ihnen, bewahre ihr Lebenszeugnis, aber ich kann nicht zu ihnen beten. Dieses Verständnis von Anbetung der Heiligen wird mir immer fremd bleiben, bei allem, was mich mit meinen römisch-katholischen Schwestern und Brüdern verbindet. Ich bete zu Gott Vater, Sohn und Heiliger Geist.

Angesichts der Aussichtslosigkeit einer gottgewirkten Heilung von Morbus Parkinson schnürt es mir immer häufiger die Kehle zu, wenn ich von biblischen Heilungswundern lese oder auch noch darüber predigen soll. Ich habe einfach keine Motivation mehr, über diese Texte öffentlich zu sprechen. Sie als historische Berichte in Erinnerung zu rufen, damit habe ich kein Problem.

Wie oft stand ich am Teich Bethesda, auf dem heutigen Areal der Sankt-Anna-Kirche in der Jerusalemer Altstadt, und habe die Geschichte vom Gelähmten erzählt, der – wann immer sich das Wasser bewegte – stets einen Tick zu spät kam. Er hatte keinen Menschen, der ihn rechtzeitig ins Heilwasser hätte ziehen können. Eine ergreifende Geschichte, aber ich weiß immer weniger, was das für mich und andere, die auf Heilung warten, heute bedeutet. Natürlich weiß ich, wie man diese Texte exegetisch und homiletisch seriös auslegt. Da steckt immer Kraft drin. Aber der Zweifel gesellt sich stärker denn je zu meinem Glauben.

Neulich war ich Gast im Gottesdienst einer modernen großen Gemeinde an der Schweizer Grenze. Der junge, feurige Pastor predigte zum Thema »Du kannst über das Wasser gehen!«. Eine starke Predigt! Und dann sah ich auf dem Weg zum gemeinsamen Mittagessen in der riesigen Cafeteria der Kirche den tragischen »Wetten, dass …?«-Kandidaten Samuel Koch im Rollstuhl in der Schlange

»stehen«. Der sehnt sich nicht danach, übers Wasser zu gehen; dem würde es vermutlich schon reichen, wenn er sich das Wasser aus den Augen wischen könnte. Da wurde mir erneut bewusst, was ich seelisch und körperlich Kranken und Behinderten mit manchen siegessicheren Predigten zugemutet habe. Ich entschuldige mich auf diesem Wege für manch allzu vollmundigen Auftritt.

Diese Zweifel entfachen in mir nicht die Frage, wie Gott das zulassen kann. Die Frage hat sich mir nie gestellt. Die Zweifel provozieren auch nicht die grundsätzliche Frage nach der Existenz Gottes. **Es ist vielmehr die Einsicht, dass mein harmonisches Bild von Gott in die Krise gekommen ist.**

Es spricht viel für die Existenz Gottes, aber auch viel dagegen. Seit ich krank bin, nagt der Zweifel. Parkinson schwächt meine gewohnte seelische Stabilität und bestürmt mein Denken mit Fragen, die mir vorher nie in den Sinn gekommen sind. Eigentlich müsste ich beim gemeinsam gesprochenen Glaubensbekenntnis im Gottesdienst einfach mal still sein. Denn das habe ich inzwischen gelernt: **Wer nicht zweifeln kann, der kann auch nicht glauben!** Bei Kierkegaard heißt es: »Ohne Unsicherheit kein Glaube!«

Mein Glaube wird bis zum letzten Atemzug den Zweifel zur Schwester haben. Das ist neu. Vor der Diagnose hatte mein unerschütterliches Gottvertrauen immer wieder so viel Bestätigung erhalten, dass der Zweifel kaum eine Chance hatte, mich zu verunsichern. Diese durch Parkinson aufgeladene Unsicherheit, diese Skepsis gegenüber einer stets lobpreisenden Halleluja-Frömmigkeit, die das

»Herr, erbarme dich!« vergessen hat, das ist es, was mein Leben in Spannung hält. Diese letzte Unsicherheit, die mich angesichts des Leides in unserer Zeit ständig wach hält, hat letztlich eine den Glauben festigende Kraft. Wo sich der Zweifel aufbäumt und die Vernunft kapitulieren muss, da bricht die Suche nach einem Halt auf, der außerhalb unserer Möglichkeiten liegt. Und diese Suche ist in der Erfahrung und der Gewissheit fündig geworden, dass Gott mich hält und trägt.

*»In der Wüste … da hast du gesehen, dass dich der Herr, dein Gott, getragen hat, wie ein Mann seinen Sohn trägt …« (5. Mose 1,31).*

Ein zärtlich starkes Bild für mein geborgenes Leben. Wie selbstbewusst habe ich meine Söhne getragen, als sie noch tragbar waren. Alle sollten es sehen. Und die gleichen Jungs brachten es fünf Minuten später fertig, den stolzen Vater zu provozieren und sich so danebenzubenehmen, dass ich die Burschen lieber versteckt hätte.

So zärtlich wird hier das Vaterherz Gottes beschrieben. So heil kann die Beziehung zwischen Schöpfer und Geschöpf sein, selbst wenn wir uns ständig danebenbenehmen.

Heil zu sein, die Verwundungen überwunden zu haben, das ist mehr als ein zitterfreies Leben und ewige Jugend. Da ist der Anker für meine bebende Existenz, das ist stabiles Vertrauen im Horizont alter und neuer Zweifel.

Obwohl also mein ganzes Leben um Gott kreist und sich meine berufliche Laufbahn allein darauf bezieht, im Auftrag Gottes zu handeln, ist im Zuge meiner neurologischen Erkrankung ein nagender Zweifel am Wesen Gottes entstanden – nicht an seiner Existenz. Kennt dieser ferne und fremde und zugleich nahe und vertraute Gott meine Situation? Denke ich zu menschlich von Gott?

Ich weiß, dass ich Gott um alles bitten darf. Es gibt keine ungebührlichen Gebete, weil das Gespräch mit Gott Vertrauenssache ist. Ich werde weiter kindlich beten. Aber ist es nicht fragwürdig, für das »rechte Wetter« zu beten? Ein Wetter, das es allen recht macht. Wie beschämt fühlen wir uns beim Gebet für trockenes Wetter beim kirchlichen Sommerfest, während unzählige Menschen fünf Flugstunden südlich von hier den Hungertod sterben, weil es seit Jahren nicht mehr regnet. Die einen wollen im Trocknen grillen, während Millionen im Trocknen zu Tode gegrillt werden.

Nein, Gott haftet nicht für anständiges Grillwetter im Landkreis Marburg-Biedenkopf. Aber wenn jeder sechste Mensch unterernährt ist und über eine Milliarde Menschen hungern, dann ist das erstens eine Anfrage und Aufgabe an mich und zweitens ein Grund zur Klage gegenüber Gott.

Zurück zum Pro und Kontra des Glaubens. Solange es beim Fußballspiel 1:1 steht, ist noch alles drin zwischen Sieg und Niederlage, zwischen Frust und Party. Die Hoffnung stirbt zuletzt, häufig sogar erst in der Nachspielzeit. Erst wenn der erlösende oder vernichtende Schlusspfiff kommt, ist alles vorbei. Unentschieden. Keine Entscheidung. Fifty-fifty! Remis! Alles bleibt offen. Vergeblich gekämpft. 1:1 fühlt sich meist an wie 0:0, oder wie Null-Null, der Ort, wo jeder am liebsten ganz allein ist.

Unentschieden ist immer ein bisschen zu wenig. Unentschieden reicht nur Langweilern und allen, die einzig und allein auf die nächste Chance hoffen. Mir jedenfalls reicht es nicht. Ich will es wissen!

Wie im richtigen Leben. Nur dass es da keine Verlängerung und kein Wiederholungsspiel gibt. Denn wir warten oft ein ganzes Leben lang auf den Schuss, der uns sicher ins Finale kickt. Aber das Leben endet unentschieden. Wie so oft, wenn es um Fragen zwischen Himmel und Erde geht. 50 Prozent sprechen gegen Gott, Glaube und Kirche. 50 Prozent sprechen dafür. Doch wir lieben Fakten und wollen es meistens ganz genau wissen. Es steht 1:1, rein mathematisch betrachtet. Ein Tor für die Atheisten, die meinen, die Welt wäre ohne Religion friedlicher.

Aber auch ein Tor für die Christen, die mit ihrer Nächstenliebe die Welt verändert haben. »Imagine, there is no heaven« – »Mal angenommen, es gäbe keinen Himmel«, hat John Lennon gesungen. Aber angenommen, es gäbe einen Himmel, dann wäre unser Leben vielleicht sogar ein Totalausfall, wenn wir uns nicht damit beschäftigen würden, wie wir dahin kommen können.

1:1 reicht nicht, wenn es um Leben und Tod geht. Unentschieden reicht nicht für den Himmel. Unentschieden abdanken heißt, das Spiel des Lebens verloren zu haben. Wir fordern ja heute überall gern »ergebnisoffene« Debatten. Das klingt gut, aber das verhindert oft dringende und ultimative Entscheidungen. Das Leben endet nicht ergebnisoffen.

Mal angenommen, wir könnten noch mal von vorne anfangen. Mal angenommen, das verkorkste Parkinsonspiel würde annulliert, nicht gewertet, und wir könnten es noch einmal versuchen, aus dem 1:1 ein 2:1 und aus unserem Leben einen unvergesslichen Sieg für die Ewigkeit zu machen. Dann wäre tatsächlich wieder alles offen, alle Chancen auf unserer Seite. Ich würde alles dafür geben.

Wer Argumente für den Glauben an Jesus Christus sucht, wird ebenso viele finden, die dagegen sprechen. Es waren ja Frauen, die vor 2000 Jahren die Auferstehung Jesu Christi bezeugt haben. Sie haben es unverschämt an die große Glocke gehängt, weil sie fest davon überzeugt waren, dass das Leben nicht unentschieden ausgeht. Jesus lebt!

Die Männer hätten das für sich behalten, weil rein logisch alles dagegen sprach. Was man nicht denken kann, kann einfach nicht sein.

Doch ohne das riskante Zeugnis dieser starken Frauen gäbe es heute vielleicht keine Kirche, keine selbstlose Liebe, keine Bildung und Forschung, keine medizinische Versorgung, keine Versorgung der Benachteiligten, keine Integration, kein Bewusstsein für die Schöpfung – alles Leidenschaften und Kompetenzen der Leute, die sich Jesus Christus zum Vorbild genommen haben und ihm vertrauen.

Die zwölf engsten Vertrauten von Jesus hätten sich nach dem gewaltsamen Tod ihres Rabbi Jeshua vielleicht in die nächste Kneipe verdrückt, hätten diskutiert und anschließend vermutlich das Maul gehalten. Man nannte sie »Jünger«, obwohl sie nach der Kreuzigung von Jesus ziemlich alt aussahen. Unentschieden eben. Politisch korrekt. Jetzt bloß nichts Falsches sagen, bloß kein Bekenntnis zu dem Nazarener. Die Frauen hingegen haben den Auferstandenen gesehen und dem unfassbaren Wunder geglaubt. Sie haben sich für den auferstandenen Jesus Christus entschieden und es allen erzählt, obwohl sie damals vor Gericht nicht als Zeugen zugelassen wurden. Ihr Zeugnis hat die Welt verändert. Die haben nicht ergebnisoffen kommuniziert. Die haben links oder rechts gefordert, schwarz oder weiß. Irgendwann reicht ein Unentschieden nicht mehr!

Wenn wir Bedenkenträger mal wieder am 1:1 unseres Lebens leiden, wenn wir mal wieder nicht glauben können, dass alles gut wird, dann denken wir vielleicht an unsere Mütter oder Großmütter, die mit uns ein Abendgebet gesprochen, oder an die Menschen, die uns die ersten biblischen Geschichten erzählt haben.

Behalten wir ruhig unsere nüchterne Skepsis gegenüber allem Religiösen. Manche Erscheinungsform von Kirche ist bis heute nicht besonders überzeugend und attraktiv. Aber ohne den Glauben an Jesus Christus bleiben die letzten und wichtigsten Fragen des Lebens ohne Antwort – unentschieden eben. Wir haben uns für einen Beruf oder ein Studium entschieden, für die Frau fürs Leben. Wir entscheiden in unserem Vermächtnis, was wir wem hinterlassen wollen. Damit das Leben nicht unentschieden ausgeht. Ich habe mich entschieden, Jesus Christus zu vertrauen und seinem Beispiel zu folgen. Darum bin ich Christ. Weil 1:1 nicht reicht, um im Frieden zu leben und zu sterben. **Ich habe bis heute jede Menge ungeklärte Fragen im Blick auf Gott und die Welt, aber ich weiß, wo ich hingehöre. Im Leben und Sterben. Daran ändert auch Parkinson nichts.**

## 16.

# Ich kann nicht klagen!

Das ist ja furchtbar! Wenn Menschen nicht mehr klagen können, fehlt ihnen eine wesentliche Lebensqualität. Aber ich ertappe mich selbst bei diesem Spruch auf die Frage: »Na, wie geht's?« – »Ach, ich kann nicht klagen!« Welch eine dumme Antwort. Inzwischen habe ich das Klagen gelernt. 50 Jahre gab es in meinem Leben keinen wirklichen Grund zur Klage. Irgendwann sollte ich diese hohe Schule des Gebets absolvieren.

Ich saß vor einigen Jahren in einem Kaffeehaus am Jaffa-Tor der Jerusalemer Altstadt. Mit einem israelischen Kollegen war ich zum Gespräch verabredet. Während sich mein Blick im Getümmel der Märkte verlor, erschien auf einmal ein Mensch vor dem Fenster des Kaffeehauses. Eine Kapuze bedeckte sein Gesicht zur Hälfte. Plötzlich riss eine Windböe die Kapuze weg, und ein eiskalter Schock durchfuhr mich. **Noch nie habe ich einen Menschen mit solch entstelltem Gesicht gesehen.** Dunkelblaue, eitrige, vernarbte und geschwollene Haut umgab die tief liegenden, ängstlichen Augen. Schnell riss sich der fremde Mann die Kapuze wieder übers Gesicht, um seinen Kopf zu bedecken. Ich war wie gelähmt. Obwohl ich das Gesicht nur wenige Sekunden gesehen hatte, fraß sich das Bild auf unheimliche Weise in meinem Gedächtnis fest: gnadenlos gespeichert, eingefangen in meinem Bildspeicher. Abends im Hotel angekommen, verfolgte mich immer noch das Bild des hässlichsten Antlitzes, das ich je gesehen hatte.

Noch im Kaffeehaus hatte ich aufspringen wollen und dem Mann etwas Gutes sagen, ihm vielleicht die Hand drücken, mit ihm klagen, ihn einfach spüren lassen, dass er trotz allem wertvoll ist. Aber dann übermannte mich die Angst, diesem Menschen gegenüberzutreten. Und bösartig bohrend brach in mir die Frage auf, wie Gott so etwas zulassen kann. Wie sollte ich diesem geplagten Mann nahebringen, dass Gott ihn liebhat? Und warum geht der überhaupt unter die Menschen? Müsste man den Mann nicht in der Quarantäne-Station einer Hautklinik unterbringen?

Seit diesem Augenblick weiß ich, was der alttestamentliche Prophet Jesaja in seiner Vision vom leidenden Christus meint: *»Er war der Allerverachtetste und Unwerteste, voller Schmerzen und Krankheit. Er war so verachtet, dass man das Angesicht vor ihm verbarg. Darum haben wir ihn für nichts geachtet« (Jesaja 53,3).*

Der Heiland und Welterlöser, der Messias Gottes war einer, den man nicht anschauen konnte, so entsetzlich zugerichtet war er. Er hätte sich selbst heilen können, aber er fügte sich in das, was Gott ihm auferlegt hatte. Und er klagte und schrie: *»Mein Gott, mein Gott, warum hast du mich verlassen?« (Markus 15,34).*

Die Märtyrer werden anders dargestellt. Stephanus zum Beispiel, von dem in der Apostelgeschichte berichtet wird, sah *»den Himmel offen« (Apostelgeschichte 7,56)*. Er starb klaglos. Der Heiland der Welt jedoch verschied zitternd, klagend, dürstend und verzweifelt am Kreuz. Da kam Jesus ganz tief runter, um die äußerste Gottesferne zu durchleben und selbst die Frage zu durchleiden, wie Gott das zulassen kann.

Es gibt eine biblische Geschichte, die mir Zugang zur Bedeutung der Klage verschafft hat. Die handelt auch von einem übel Zugerichteten, von einem, den man nicht anschauen konnte. Eine unglaublich skandalöse Geschichte, die entweder den Zweifel am Gott Abrahams, Isaaks und Jakobs heftig befeuert und unser Bild vom »lieben Gott« grundlegend erschüttert. Oder aber sie führt uns in eine neue, vielleicht nicht mehr so überlegene und vermeintlich unerschütterliche Gotteserkenntnis.

Die Rabbiner sagen, man solle das alttestamentliche Buch Hiob nicht allein lesen, sondern zu zweit, und man solle das Buch nicht lesen, bevor man nicht 40 Jahre alt ist. Man braucht Reife und Stabilität, um diese furchtbare Geschichte zu verdauen. Und es verarbeitet sich leichter, wenn man einen Weggenossen bei sich hat. Einen, den man nach dem Weg fragen und mit dem man leiden kann, wenn sich alles gegen uns stellt.

Es könnte sein, dass ich manchen Leser an dieser Stelle des Buches verliere. Der folgende Exkurs über Hiob mag diesen oder jene verunsichern oder verwirren. Es lohnt sich, bis Kapitel 19 durchzuhalten. Aber vielleicht gewinne ich auch einige, mich auf meiner Pilgerreise vom Zweifel zum Glauben weiter zu begleiten.

Der Autor dieses umfangreichen und kunstvoll gegliederten biblischen Buches stellt sich nicht vor, er hinterlässt keine Spur einer chronologischen Einordnung, wie z. B. die Regierungszeit eines Königs. Er verrät nichts über seine Verwandtschaftsverhältnisse. Er macht nur eine Ortsangabe: Uz, ein fruchtbares Land im Osten Judas. Ziemlich weit weg.

Der Hauptdarsteller heißt Hiob, oder Iob, oder Jupp, oder Hans. Ein Allerweltsname. Er war reich und fromm. Das klingt wie eine uralte Variante der Geschichte »Hans im Glück«, die den Weg in den alttestamentlichen Kanon gefunden hat.

## 17.
# Eine ziemlich unanständige Wette

Die Geschichte Hiobs beginnt mit einer Wette zwischen Gott und Satan. Wie befremdlich ist das? Auf welches Niveau begibt sich hier der allmächtige Gott?

Tatsächlich, Gott und sein Gegenspieler wetten bei einer Audienz im Himmel um Hiob. Goethe hat dieses Bild im »Prolog im Himmel« in Faust, Teil eins, aufgenommen.

Die Geschichte ist nach dem Vorbild altorientalischer Erzählkunst komponiert. Es gibt transzendente Episoden, Dialoge zwischen Gott und Satan im Himmel. Und es gibt eine irdische Biografie, eine Geschichte unglaublicher Abgründe. Eine vom Geist Gottes inspirierte Glaubensgeschichte in der literarischen Form einer Novelle überliefert. Verfasser unbekannt. Datierung unbekannt.

So, wie Jesus die großen Themen seiner Botschaft in der Form von Parabeln erklärt hat, so spricht Gott in der Hiobsgeschichte wie in einem Gleichnis zu uns, weil wir es anders nicht fassen könnten.

Die Dialoge zwischen Gott und Satan sowie Hiob und seinen Freunden folgen einer besonderen sprachlichen Systematik und zeigen einen anspruchsvollen literarischen Aufbau. Das Hiobbuch ist eine ungeheuer tief gehende und schmerzliche Erzählung, die aber durch unzählige Schicksale, die sich im Laufe der Menschheitsgeschichte zugetragen haben, gedeckt ist. **Hiob ist jederzeit und überall. Dieses Drama wird ständig erlebt, nicht aufgeführt.** Wir stehen in der Arena – mittendrin, nicht auf der Tribüne. Hiob passiert ohne Publikum. Hiob ist »live«.

Das biblische Buch Hiob ist ein kostbares Unikat alttestamentlicher Weisheitsliteratur, das seit Generationen Menschen in Krisenzeiten Halt und Trost gegeben hat. Einer meiner Freunde erzählte mir, dass er ohne die intensive Beschäftigung mit Hiob den frühen Tod seines Kindes nicht überstanden hätte. Und das ist Hiobs Botschaft für mich:

- Reduzierung auf das Wesentliche: Distanz zu Hab und Gut
- Ehrfurcht vor Gott: von der Kapitulation zur Kontemplation
- Einüben der Klage: die neue Qualität meines Gebets
- Chancen und Grenzen der Beratung: das Leben teilen
- Erfahrung der Rehabilitation: erlöst, entschädigt, gesegnet

Vor dieser Einsicht stand – und steht immer noch – mein geistiger Kampf mit der Botschaft dieses skandalösen, fragwürdigen und doch so heilsamen Schriftstückes.

Wenn ich glauben müsste, dass dieses Buch eine historisch-authentische Biografie darstellen würde, könnte ich an dieser Wette verzweifeln, denn das wäre eine furchtbar gemeine Geschichte. Gott testet einen seiner besten Erdenbürger und nimmt ihm alles weg, nur um mit seinem Widersacher zu wetten? Er wettet auf die Köpfe der Kinder Hiobs.

Herr, Gott, muss das sein?

Hiob, der Hauptdarsteller dieser Erzählung, Vater von sieben Söhnen und drei Töchtern, ist der erfolgreichste Großagrarier weit und breit. Seine Viehbestände sind in symbolischen Zahleneinheiten dokumentiert. 7000 Schafe und 3000 Kamele, das macht 10 000 Stück. 500 Esel und 500 Joch Rinder, das macht 1000 Zähleinheiten. Die Viecher erscheinen in der Bilanz der »Hiob-Agrar-KG«. Die Belegschaft, das »Humankapital« hingegen nicht, das wollte keiner zählen. Die Mitarbeiterschaft wird als *»größer als alle, die im Osten wohnten« (Hiob 1,3)* bezeichnet.

Reich und gesund statt arm und krank! Es wird von Hiob berichtet, dass er das Böse mied und sehr gottesfürchtig war. Das war eine einfache Rechnung: Er lebte zur Ehre Gottes, darum machte Gott ihn reich. Reich an Grundbesitz und Vieh. Reich an Söhnen und Töchtern. Und wenn die Jungs mal einen draufmachten, ging Hiob hin und brachte die kleinen und großen Ausrutscher durch die Darbringung eines Opfers vor Gott wieder in Ordnung.

So weit, so gut. Gut geglaubt heißt gut gelebt. Viel geopfert, viel geerbt. So fangen manche guten Geschichten an. Wenn die Kasse stimmt und alle gesund sind, dann ist gut an Gott glauben. So könnte man argumentieren.

Der »Satanas«, der Miesmacher, Quertreiber und Menschenverächter hat diese Schwachstelle im System Hiob entdeckt und meldet sich bei Gott zur Audienz. Er mischt sich unter den Hofstaat Gottes. So heißt es jedenfalls in der Hiobsgeschichte. Gott fragt Satan, ob er den rechtschaffenen Hiob schon kennengelernt hat. Darauf der Teufel zu Gott: »Meinst du, Hiob dient dir umsonst? Der ist nur fromm, weil die Kasse stimmt. Wetten, dass er dir abschwört, wenn die Firma pleitegeht?« Welch eine gehässige Frage!

Wenn diese Geschichte historisch authentisch verstanden werden sollte, dann könnte sie mich auch treffen. Das würde sich dann heute so anhören:

Da mischt sich Satanas unter die himmlische Entourage Gottes und beginnt zu stänkern: »Ich bin durch Hessen gezogen und hab mich mal unter den Frommen umgeschaut!« Darauf Gott: »Hast du Jürgen aus Marburg getroffen? Der ist ein feiner Kerl, an dem habe ich meine Freude!« Darauf Satanas: »Wie? Der Mette? Der ist doch nur so fromm, weil er bei diesem Job sein Ego pflegen kann, der lebt doch nur vom Applaus! Diesen Schönschwätzer sollten wir mal testen!«

Statt mich in Schutz zu nehmen, erlaubt Gott diesem Hetzer, mir alles zu nehmen: meine Kinder und Enkelkinder, meinen Job und meine Berufung, mein bescheidenes mobiles und immobiles Vermögen! »Wie wäre es mal mit einem Parkinsontest? Lassen wir den Strahlemann doch mal zittern. Auf der Kanzel, da wo er immer zur Hochform aufläuft. Das übersteht er bestimmt nicht! Vielleicht packen wir ihm noch ein Magen- und Darmleiden drauf. Mal sehen, ob er dann noch an Gott glaubt.«

Herr, Gott, was machst du mit mir? Warum bist du so barbarisch, so gemein? Warum überlässt du Satan das Spiel mit meinem Leben? Du hast mich doch so reich beschenkt. Seit ich denken kann, liebe ich dich! Warum spielst du so mit mir?

Zurück zum richtigen Hiob. Gott lässt es drauf ankommen. Satan bekommt die Erlaubnis, Hiobs Glauben auf Echtheit zu testen. Und Gott geht mit dieser Wette ein hohes Risiko ein. Hiob könnte in dieser Leidensschule schlappmachen. Aber Gott trägt das Risiko.

Und dann schlägt Satan zu. Es kommt alles zusammen, was zu einer Katastrophe gehört. Hiobsbotschaften in Serie! Die Viehherden werden geklaut, die Gutshöfe brennen, die Agrartechniker und Tierzüchter werden umgebracht. Und nicht nur das: Seine sieben Söhne und drei Töchter kommen auf furchtbare Weise ums Leben.

Hiob verliert an einem Tag alles, was sein Leben bisher ausgemacht hat. Wie kriegt man im richtigen Leben solch eine Katastrophenserie in 24 Stunden unter die Füße? Satan durfte sich austoben, und er hat ganze Arbeit geleistet.

Hiob steht auf, zerreißt seine Kleider, schert seine Haare und fällt auf die Knie. Und sagt: *»Der Herr hat's gegeben, der Herr hat's genommen; der Name des Herrn sei gelobt« (Hiob 1,21).* Nicht zu fassen! Er gibt Gott alles wieder zurück? Kein Vorwurf, keine Klage: »Der Name des Herrn sei gelobt!« Es fällt so schwer, das nachzuvollziehen. Da werden mehr Zweifel als Glauben geweckt. Aber dieses Bekenntnis habe ich selbst zunächst widerwillig, aber dann doch mühsam zustimmend mir zu eigen gemacht. **Ich »besitze« keinen Besitz, ich »habe« keine Kinder, meine Frau »gehört« mir nicht. Ich gehöre noch nicht mal mir selbst.** Gott hat uns unsere Kinder zur Obhut und Prägung anvertraut. Er kann sie uns auch wieder entziehen, so furchtbar der Gedanke auch sein mag. Wer in dieses Hiobbekenntnis einstimmt, muss sich auf den Ernstfall einstellen. Aber in dieser Absage an meine Besitzverhältnisse liegt ja auch eine enorme Befreiung. Gott selbst trägt die letzte Verantwortung für meinen Leib, mein Leben, für meine Lieben und für unsere wirtschaftliche Sicherheit.

Hiob hat die Glaubensprobe bestanden, Gott hat die Wette gewonnen und Satan hat verloren. Aber das ist noch nicht genug. Der Gegenspieler Gottes darf noch mal ran, an den schon arg geschundenen Hiob. Jetzt geht es ihm ans eigene Fleisch. Ein schrecklicher dermatologischer Befund lässt ihm die Haut von den Sehnen fallen. Vom Kopf bis zur Sohle ist er mit eiternden Ekzemen bedeckt. Da er kein Textil mehr auf dem Leib erträgt, bleibt ihm nur noch das nackte Hocken im Dreck. Nackt ist er aus seiner Mutter Schoß gekrochen, nackt wird er diesen Planeten verlassen. Mit einer Tonscherbe schabt er sich die letzten Hautfetzen vom Leibe.

Ich kann ein solches Elend, vor Schmerzen nicht aus der Haut fahren zu können, zwar nicht »nachvollziehen«, aber ich habe ein wenig Ahnung davon. Während meiner theologischen Ausbildung absolvierte ich ein klinisches Praktikum. Ich bekam den Auftrag, einen Patienten zu betreuen, der sich in selbstmörderischer Absicht mit Benzin übergossen und angezündet hatte. Er wurde gerettet, erlitt aber von der Hüfte bis zum Hals schwerste Verbrennungen. Der Chefarzt meinte, ich könne ja als angehender Seelsorger schon mal üben. So saß ich zwei Wochen am Bett eines Schwerverletzten, der eigentlich schon längst tot sein wollte. Sein Oberkörper war hart verkrustet, ein schwarzer, verkohlter Panzer, das Bett vibrierte unter den panischen Schmerzen. Der Patient war meistens in einem Dämmerzustand. Viele Jahre später wurde ich im Kino bei »Der englische Patient« wieder an diesen leidgeprüften Menschen erinnert.

An Unterhaltung mit diesem geplagten Mann war nicht zu denken. So holte ich meine Gitarre, sang ihm geistliche Lieder und las ihm Klagepsalmen aus der Bibel vor. Ich tat dies im festen Glauben, dass dieser Dienst nicht vergeblich bleiben sollte.

Zurück zu Hiob. Satan spielt den letzten Trumpf aus seiner Versuchungskiste. Er kriegt Hiobs Frau rum. Sie distanziert sich von ihrem fast verfaulten Mann. Aussatz, das war eigentlich keine Hautkrankheit. Das war die Bezeichnung des sozialen Status eines Menschen, in diesem Fall ein asozialer Status. Wer einen infektiösen dermatologischen Befund hatte, wurde ausgesetzt. Daher der Begriff Aussatz.

Hiobs Frau setzt ihren Mann aus und wird damit zu einer Verbündeten Satans. »Pfeif auf deinen Gott, sag dich von ihm los!«

Ich habe mich früher immer über Hiobs Frau empört.

Wie kann man seinen Liebsten nur so aufgeben? Heute verstehe ich mehr denn je, dass Ehepartner an den Punkt kommen können, wo sie in der Verzweiflung, ihre eigene Haut retten zu müssen, auf Distanz zum schwer kranken Partner gehen. »Frau Hiob aus M.« ist nach zehn Jahren Pflege nervlich am Ende. Und dann entschließt sie sich nach schweren inneren Kämpfen, ihren dementen Partner, ihre große Jugendliebe, in ein Pflegeheim zu geben. Welch ein Schmerz über den Geliebten, der sie am Ende nicht mehr erkannt hat. Sie hat tagelang geweint, nachdem der gewindelte Verwirrte von Uniformierten abgeholt wurde. Und als ihr dann noch eine rechtschaffene Kirchenfrau Vorwürfe machte, sie würde sich ja wie die Frau Hiobs verhalten, da war sie drauf und dran, ihrem Leben ein Ende zu setzen. Frau Hiob lebt unter uns – und sie verzweifelt unter uns.

Udo Lindenberg singt in dem Lied »Kleiner Junge« von einem Gespräch zwischen Mutter und Kind: »Was ist mit Gott? Und Mutter sagt: Der hat den Himmel zugemacht. Der ist abgehauen und ganz weit weg und kümmert sich 'nen Dreck.«

Seit Hiob fragt die Menschheit so: Wie kann Gott das zulassen?

Der bekannte Theologe Heinz Zahrnt (1915–2003) veröffentlichte 1985 das Buch *»Wie kann Gott das zulassen? Hiob – der Mensch im Leid«**. Dieses Werk hat mich für die Beschäftigung mit Hiob sehr inspiriert. Ich lasse im

* Piper Verlag, München

Folgenden einige seiner Gedanken mit einfließen. Zahrnt hat damals diagnostiziert, dass diese Frage einmal die am häufigsten gestellte Frage an das Christentum sein würde. Er hat recht behalten. Heute ist es so gut wie die einzige Frage, die noch an Gott, Glaube und Kirche gestellt wird.

»Warum leide ich? Das ist der Fels des Atheismus«, sagt Georg Büchner im Drama »Dantons Tod«. Wenn man das Christentum angreifen will, dann braucht man nur mit der Frage nach dem Leid anzusetzen. Wenn dieses Thema in einer Talkshow verhandelt würde, hätte der Anwalt der Christen schlechte Karten, denn es gibt keine plausible Antwort auf diese Frage, keine, die als Schlagzeile in die BILD-Zeitung passen würde. Da passen nach Naturkatastrophen oder Tragödien nur drei plakative Worte rein: Wo war Gott?

Wenn alles gut läuft, und es läuft wirtschaftlich seit 50 Jahren blendend, dann titelt keine Zeitung »Gott war da!« oder »Gott sei Dank!« Die Mehrheit will einen netten und stillen Gott, der Schlimmes verhindert. Dabei hat sich der Gott Abrahams, Isaaks und Jakobs mit einer Gesellschaftsordnung für Frieden, Freiheit und Gerechtigkeit an Israel und die Völker gewandt, die bis heute als Wertefundament vieler Staatsverfassungen und Gesetzeswerke weltweit dient, nämlich die Zehn Gebote. Wie viel Schaden wäre vermieden worden, wenn die Verantwortlichen in Politik, Wirtschaft und den Kapitalmärkten diese alttestamentliche Werteordnung beherzigt hätten.

**Erst gottvergessen handeln und dann gottvermissend klagen. So sind wir.**

# 18.
# Wo war Gott?

Wo war Gott, als sein treuer Freund Hiob, der Prototyp der Freunde Gottes, in solch ein privates und wirtschaftliches Desaster geriet? Er war nicht weg, er war bei Hiob. Er wusste um diesen Test, er hatte dieses Drama mit Satan verabredet. Er war Hiob nie näher als in seiner tiefsten Verzweiflung.

Diese Einsicht deckt sich vollkommen mit meiner Erfahrung in der ersten Depressionsphase, obwohl mein bescheidener Befund kaum mit der Hiobkatastrophe vergleichbar ist. Als alle Lichter ausgingen, war ich im Finstern tastend auf der Suche nach Gott. Nie zuvor war ich ihm näher. Mitten in allen Zweifeln wusste ich, dass Gott die Belastung weise dosiert. Er würde mich nicht überfordern, aber herausfordern zur Bewährung meines Glaubens, Denkens und Handelns.

Und Hiob bleibt standhaft: *»Haben wir Gutes empfangen von Gott und sollten das Böse nicht auch annehmen?« (Hiob 2,10).*

Genau das war eine meiner ersten Reaktionen auf den Befund Parkinson. Warum sollte ich, der ich bisher so unbeschwert und fröhlich gelebt, so viel »Höhensonne«

Gottes genossen hatte, nicht auch die andere Qualität des Lebens kennenlernen, nämlich die Tiefe, die Dunkelheit, die Enge und die Schwermut? **Es gibt keinen vernünftigen Anspruch auf ein gesundes, erfolgreiches und leichtes Leben.**

Ich frage mich, seit ich selbst auf Hiobs Spur geraten bin, warum wir uns das Gute, das Gott uns schenkt, widerspruchslos und oft genug gedankenlos und danklos gefallen lassen, ohne dabei an den Geber der Gaben zu denken? Die Sonnensegnungen Gottes kassieren wir hochnäsig, als hätten wir die tolle Familie, die Fitness und das gute Gehalt selbst verdient. Mein Haus, mein Auto, mein Boot – all diese Segnungen haben uns weithin nicht wirklich in die Nähe Gottes geführt, sondern eher in die Distanz.

Kommt aber mal was quer, irgendetwas, das die Gesundheit, Harmonie und materielle Sicherheit stört – Parkinson zum Beispiel –, schon schreien wir auf und fragen nach, wie Gott denn das zulassen kann.

Nach Auschwitz könne man nicht mehr an Gott glauben, sagen die Leute, die Argumente gegen den christlichen Glauben suchen. Ja, dieses Argument wiegt schwer. Aber Auschwitz wurde von wahnsinnigen Männern des Dritten Reiches angerichtet. Wie bringt man es fertig, diese Tragödie Gott anzuhängen? Warum er es nicht verhindert hat, wird die bohrende Frage unseres Lebens bleiben. Ich kenne keine vermittelbare theologische Argumentation, die diese unerträgliche Spannung auflöst.

Und wie sähe denn eine leidfreie Welt aus? Könnte man

alle interviewen, die einen lieben Gott vermissen, was sie sich unter der Liebe Gottes vorstellen, so würde sich ein Wirrwarr an Wunschbildern ergeben – und schon hätten wir eine aufregende Interessenkollision. Harmonie und einen lieben Gott um jeden Preis. Aber was tun, wenn der Nächste ein anderes Glück will als ich?

Mitten in seinem stinkenden Elend bekommt Hiob Besuch von ein paar Freunden. Religiöse Saubermänner. Sie haben jede Menge fromme Sprüche auf Lager. Sie sind Experten im Interpretieren von Leid. Aber zunächst behalten sie ihre Weisheit für sich und teilen eine Woche schweigend Hiobs Leid. Die Männer reagieren vorbildlich: Sie sind empathisch, solidarisch und sie schweigen.

Und Hiob klagt. Er klagt, wie kaum einer von uns je geklagt hat. Er empört sich über das Handeln Gottes: Warum bin ich nicht gleich bei meiner Geburt draufgegangen?

Wir haben es mit einem Gott zu tun, der unsere Empörung aushält, der unser Klagen hört. Es ist eine dumme Volksweisheit: »Lerne leiden, ohne zu klagen.« Wenn man Menschen zum körperlichen Leid auch noch einen seelischen Schaden zufügen möchte, dann appelliere man an sie mit solch heroischen Sprüchen. Die entstammen vielleicht den Heldensagen, aber nicht der Bibel.

Nach Hiobs Klage ist die Stunde der Freunde gekommen. Sie gehen mit ihm um, als hätten sie einen Kurs in Seelsorge absolviert und wollten jetzt eine erste praktische Übung durchführen. Der Philosoph Ernst Bloch hat die Freunde Hiobs »Glaubensspießer« genannt. Das bringt die Mentalität der Freunde auf den Punkt: Spießer! Alle drei handeln nach dem Motto: Gut gemeint und schlecht gemacht! Sie beraten von der Tribüne des Leides her. Sie hocken nicht in der Arena. Darum sind die Worte hohl und für Hiob umso schmerzlicher. Sie vertreten eine ordentliche Theologie. Ihre Argumente sind ausgewogen und schlüssig. Alles passt, Zweifel sind ausgeschlossen.

Ich kenne dieses heile Weltbild sehr gut. Es hat meine Kindheit so sonnig gemacht und ein Urvertrauen in Gott bewirkt. Dabei spielten die Kindergottesdienstlieder eine prägende Rolle.

*»Breit aus die Flügel beide, o Jesu, meine Freude, und nimm dein Küchlein (Küken) ein. Will Satan mich verschlingen, so lass die Englein singen, dies Kind soll unverletzet sein.«* *

Das klingt goldig. Und auch wenn es wie ein Paradox klingt: Einerseits müsste ich diese naive Theologie heute als untauglich verwerfen, kann aber die gleichen Lieder mit meinen Enkelkindern singen. Natürlich kommt dieses Gottesbild irgendwann in die geistige Pubertät. Und da bleibt oft nicht viel übrig vom Glauben an den lieben Heiland. Aber wenn wir im letzten Lebensdrittel angekommen sind, werden es diese schlichten Lieder aus unserer Kindheit sein, die uns zurück ins Vaterhaus Gottes führen.

Die Beratungsthese der Freunde Hiobs lautet: Gott bestraft die Bösen und belohnt die Guten. Amen! Leid be-

* Paul Gerhardt, »Nun ruhen alle Wälder«, Strophe 8

deutet demnach immer göttliche Strafe für eine begangene Sünde. So einfach ist das. Die Sündenfahnder zur Zeit von Jesus waren auf dem gleichen Weg: »*Herr, wer hat gesündigt, dieser oder seine Eltern?*« *(Johannes 9,2)*. Solche Sündenforscher gibt es zu jeder Zeit, heute auch noch. Und schuld sind immer die anderen.

Die Parole der Freunde lautet: »*Umkehren und glücklich werden! Hiob, sieh ein, dass du ein neureicher Ausbeuter bist. Werde bescheiden und alles wird gut.*« Sie zimmern einen Gott, der für das private Lebensglück der Menschen zuständig ist. Ein moralischer Gott, der die Guten schützt und die Bösen straft.

Die kritisch suchende Beschäftigung mit dem Buch Hiob hat mir eine erste Antwort auf die Frage nach dem Leid gegeben:

Es gibt viel Leid in dieser Welt, ohne dass unmittelbar Schuldige dafür zu finden sind.

Nicht hinter allem Leid in der Welt stehen göttlich-pädagogische Absichten. Müssen wir erst leiden, damit Gott uns endlich kriegt? Das kann der Einzelne so empfinden. Auch ich habe es so erlebt, dass Gott mich durch Krisen fester zu sich gezogen hat.

Aus meiner subjektiven Erfahrung kann ich jedoch noch keine allgemein gültige Erklärung ableiten. Körperlicher Schmerz kann so unerträglich sein, dass Menschen nicht mehr in der Bibel Trost suchen und nicht mehr beten können, geschweige denn in dieser Not Gottes pädagogisches Handeln erkennen.

Aber was ist das für ein Gottesbild? Gott muss doch nicht seine Macht beweisen, indem er einen Menschen in den Dreck wirft, um ihn später, nach absolvierter Gebetsarbeit, wieder auf die Beine zu bringen. Gott bewahre mich vor Freunden, die mir solche Deutungen in der Stunde meines Leidens oder Sterbens nahebringen wollen!

Hiob jedenfalls lässt sich nicht durch das Gesülze der Freunde beeindrucken. Ihre Worte haben nichts ausgerichtet. Im Gegenteil, die Frage nach der Gerechtigkeit Gottes ist jetzt erst recht offen.

Der schwermütige Philosoph Sören Kierkegaard hat einmal Folgendes geschrieben:

*»Hiob! Hiob! Hiob! Sagtest du wirklich nichts anderes als die schönen Worte: Der Herr hat's gegeben, der Herr hat's genommen, der Name des Herrn sei gelobt! Sagtest du kein Wort mehr? Der Herr gab's, der Herr nahm's, der Name des Herrn sei gelobt – weder mehr noch weniger, gerade so, wie man Prosit sagt zu dem, der niest! Nein, du, der du in den Tagen des Glücks das Schwert der Unterdrückten warst... der Stecken der Gebeugten, du ließest die Menschen nicht im Stich, als alles zerbrach – da wurdest du der Mund der Leidenden und der Ruf der Zerschmetterten und der Schrei der Geängsteten... ein unwandelbarer Fürsprecher, der es wagte, zu klagen in der Bitterkeit der Seele und mit Gott zu streiten.*

*Warum verbirgt man das? Wehe dem, der Witwen und Waisen auffrisst und sie um ihr Erbe betrügt, aber wehe auch dem, der den Trauernden hinterlistig um den vorläu-*

*figen Trost der Trauer betrügen will: seinem Herzen Luft zu machen und mit Gott zu hadern. Oder ist vielleicht die Gottesfurcht in unserer Zeit so groß, dass der Trauernde dessen nicht bedarf, was in jenen alten Tagen Brauch war? Wagt man vielleicht nicht mehr, vor Gott zu klagen? … Darum rede du, unvergesslicher Hiob! Wiederhole alles, was du sagtest, gewaltiger Fürsprecher, der du vor dem Richterstuhl des Höchsten erscheinst, unerschrocken wie ein brüllender Löwe …*

*Dich brauche ich, einen Menschen, der so laut klagen kann, dass es in den Himmeln widerhallt, wo Gott sich mit dem Satan beratschlagt, um Pläne gegen einen Menschen zu machen! Klage, der Herr fürchtet sich nicht, er kann sich wohl verteidigen, aber wie könnte er sich verteidigen, wenn keiner zu klagen wagt, wie es einem Menschen geziemt!*

*Rede, erhebe deine Stimme, rede laut, Gott kann noch lauter sprechen, er hat ja den Donner!«**

Warum verbirgt man uns das?

**Warum hat man uns die Geschichten von Verzweiflung und gescheiterter Gottessuche, von abgründiger Klage und Resignation vorenthalten? Die Bibel jedenfalls dokumentiert ebenso viel Zweifel und Verzweiflung wie Heil und Heilung.** Kierkegaard beklagt die Schönfärberei eines vermeintlich harmonischen Christentums, das alle irgendwie glücklich macht.

* Zitiert nach Helmut Lamparter, »Buch der Anfechtung«, Calwer Verlag, Stuttgart, 1955, S. 44–46

Hiob hört nicht mehr auf seine altklugen Freunde. Er flüchtet sich zu Gott und verhandelt weiter mit ihm: »Der Allmächtige gebe mir Antwort!« Hiob will es wissen! Er hat den Glauben seiner frommen Freunde überholt.

Und Hiob bekennt: *»Ich erkenne, dass du alles vermagst, und nichts, das du dir vorgenommen, ist dir zu schwer… Darum habe ich unweise geredet… Ich hatte von dir nur vom Hörensagen vernommen; aber nun hat mein Auge dich gesehen. Darum spreche ich mich schuldig und tue Buße in Staub und Asche« (Hiob 42,2–6).*

Bisher hatte er Gott nur vom Hörensagen, also aus zweiter Hand gekannt. Nun ist er durch alles Leid hindurch zu einer größeren Gotteserkenntnis gekommen, zu einer ganz persönlichen. Das Leiden, Klagen und Mit-Gott-Argumentieren hat ihm eine ganz persönliche Nähe zu Gott verschafft, eine vertraute Beziehung. Hiob ist wieder in der Lage, alle Ereignisse von Gott her deuten zu können.

Wäre das nicht eine tragfähige Lebensphilosophie? Alle schönen und alle schweren Ereignisse von Gott her sehen zu können? Zu wissen, dass er alle Umstände und Zustände gebrauchen kann, um mein Leben zu segnen, zu formen und belastbar zu machen?

Das gängige Lohn- und Strafschema reicht nicht aus, um das Leiden dieser Welt zu deuten. Nicht alle Übel auf Erden sind von Menschen verschuldet. Krankheit, Alter und Sterben sind biologische Gegebenheiten und gehören zu unserer Existenz. Parkinson führt nicht zum Tod, aber die Krankheit weckt Sehnsucht nach Erlösung.

Ich betrachte meine neurologisch-chronische Erkrankung als Ausdruck einer zunehmend dementen Gesellschaft. Dass es mich relativ früh getroffen hat, ist weder ein Zeichen des Unglücks noch ein Erweis von Glück. So weit bin ich noch nicht, dass ich in dieser heimtückischen Krankheit ein Glück vermuten könnte. Obwohl mir mal ein guter Freund gesagt hat, dass ich schnurstracks in einen Burn-out gelaufen wäre, wenn mich Parkinson nicht zu einem reduzierten Tempo gezwungen hätte.

Wer das Wunder des Lebens im Antlitz eines Neugeborenen bestaunt, der freut sich des Lebens. Aber er fügt sich auch dem Lauf unserer physischen Existenz und stellt sich nüchtern auf das furchige und zitterige Antlitz eines reifen Lebens ein, das dem Ende entgegengeht. Warum sollte ich länger leben, als es biblisch prognostiziert ist?

*»Das Leben währet siebzig Jahre, und wenn's hoch kommt, so sind's 80 Jahre« (Psalm 90,10).*

Also: Unglück ist nicht immer eine Quittung für Schuld und Rechtschaffenheit kein Garant für Glück. Ich kann aber auch leidvolle Erfahrungen für mich als Lektion Gottes begreifen. Wenn ich durch ständige körperliche und geistige Überlastung krank werde und mir eines Tages die Sicherungen durchbrennen, dann kann ich dies sehr wohl als eine ernste Lektion Gottes begreifen. Was wir säen, das werden wir ernten.

**Die Frage »Wo war Gott in den schlechten Zeiten?« ist die falsche. Die richtige Frage lautet: »Wo waren wir in den guten Zeiten?«**

# 19.
# Wo war ich?

Die Frage lautet nicht: Wo war Gott, als Herr P. sich in meinem Hirn gemütlich eingerichtet hat? Sondern: Wo war ich die ganze Zeit? Das ist die Frage, die weiterhilft. Im Elfenbeinturm einer korrekten und plausiblen Theologie und Philosophie? Hans im Glück? Immer auf Erfolgskurs? Weit weg von Jammer und Klage einer so reichen, aufgeklärten und doch so haltlosen Gesellschaft? Zu weit weg von den Abgründen menschlicher Verzweiflung, frühzeitig aller Zweifel entrückt, abgehoben vom ärmlichen Weltbild eines Atheisten, der letztlich so gern glauben können würde?

Die Hiobsgeschichte schüttelt meinen Glauben. Sie testet meine frommen Sprüche auf Echtheit. Und sie entlarvt mein Gottesbild: Glaube ich etwa nur, weil ich Angst vor der Strafe Gottes habe? Bekenne ich meinen Glauben nur, weil ich Angst habe, Jesus Christus würde sich vor dem himmlischen Vater nicht zu mir bekennen? Spende ich nur darum, weil ich hoffe, dass Gott mir alles vielfältig zurückgibt?

Sprüche wie »Gott lässt sich nichts schenken« bleiben uns nach der Hiobsgeschichte im Hals stecken. Das »Alles wird gut!« ist der erbärmliche Singsang einer Volksreligiosität, die Gott zum »lieben Vater überm Sternenzelt« macht und der am Ende dafür sorgt, dass »von irgendwo ein Lichtlein« herkommt.

Selbst das erschütternd prophetische Bekenntnis des Schriftstellers Reinhold Schneider (1903–1958), unter dem bedrückenden Eindruck des unaufhaltsam fortschreitenden NS-Terrors geschrieben, lässt quälende Fragen offen: *»Allein den Betern kann es noch gelingen, das Schwert über unseren Häuptern aufzuhalten und diese Welt den richtenden Gewalten durch ein geheiligt Leben abzuringen.«** 

Nein, menschliches Elend kann so brutal sein, dass es selbst den Betern nicht mehr gelingt, das Schwert über uns aufzuhalten!

Der Theologe Paul Schütz schrieb 1946 an einen Freund, der nicht mehr glauben konnte: *»Ich weiß von einer Großstadt, die in wenigen Tagen bis zur Hälfte niederbrannte. Hunderttausende kamen in den Feuerstürmen um. Und danach: die Kirchen waren leerer, die Herzen verstockter … Ich kann den Hauptmann nicht vergessen, ein Mann in den Vierzigern, dem Arme und Beine amputiert werden mussten. Und dem keiner wagte zu sagen, dass seine ganze Familie in K. unter den Trümmern erstickt war. … Zehntausende von ›unter die Räuber gefallene‹ liegen an den Landstraßen. Frauen und Kinder. … Zehntausende und kein ›barmherziger Samariter‹ ist da. Er ist einfach nicht da, weil er selbst unter die Räuber gefallen ist.«***

* Reinhold Schneider, Sonett, 1936

** Paul Schütz, »Warum ich noch Christ bin«, Pattloch, Augsburg, 1996, S. 15–17

Das ist gerade mal 65 Jahre her. Unzähligen ungenannten und unbekannten Betern ist es eben nicht gelungen, die braune Gewalt des Dritten Reiches mit ihren grauenhaften Folgen aufzuhalten. Schlimmer noch, manche Beter haben in dem wahnsinnigen Despoten einen von Gott gesandten Führer gesehen.

Während ich an diesem Kapitel arbeite, tobt in Syrien ein blutiger Kampf, der schon unzählige Opfer gefordert hat. Wie oft stand ich auf den Golanhöhen an der israelisch-syrischen Grenze. Jetzt ist das Elend so nahe, auf Sichtweite der Touristen, nur noch durch ein paar Blauhelme getrennt. Wie soll man das alles erklären?

Gott, wo bist du? Bist du selbst unter die Räuber gefallen?

Alle drei Minuten wird weltweit ein Christ um seines Glaubens willen umgebracht. Im Bewusstsein dieser brutalen Realität misstrauen wir allen schnellen Deutungsversuchen und bekennen schweigend und betend unsere Ratlosigkeit. **Nein, ich muss nichts erklären, was einfach nicht erklärbar ist. Ich muss und ich kann die Sache Gottes nicht verteidigen.**

So hat der Ratsvorsitzende der Evangelischen Kirche, Präses Nikolaus Schneider, nach dem frühen Tod seiner an Leukämie erkrankten Tochter in TV-Talkshows erst gar nicht versucht, die Theodizee-Frage theologisch zu lösen. Er hat in bewegender Weise bezeugt, wie seine Familie die Trauer und den Verlust in der Kraft des christlichen Glaubens bewältigen konnte.

Die Frage »Wie kann Gott das zulassen?« ist und bleibt die unlösbare Frage des christlichen Glaubens, die Sollbruchstelle, die ungesicherte Hintertür, durch die jeder Kritiker des Glaubens frech einbrechen darf.

Nicht wir lösen diese unlösbare Frage. Wir müssen vielmehr von der Art, so zu fragen, erlöst werden!

Die Kirche selbst darf sich zu dieser Ratlosigkeit bekennen. Sie muss die frivole und empörte Frage der Medien demütig aushalten. Das macht die Gemeinschaft der Christen angreifbar. Und das schadet nicht! Wann immer sich die Kirche gegen die Provokation der Aufklärung und des neuen Atheismus mit den Methoden der Massenmedien und der Politik wehren wollte, hat sie ihr Alleinstellungsmerkmal riskiert. Wenn die Kirche öffentliche Macht verliert, weil sie die »letzten Fragen« eben nicht überzeugend und schlagend beantworten kann, dann sitzt sie da, wo sie eigentlich hingehört: zwischen den Stühlen, nicht auf dem Thron. Und wenn engagierte Christen wegen ihres Festhaltens an biblisch-ethischen Werten von der Boulevardpresse vorgeführt werden, sind sie zugleich auf dem Weg zu ihrer eigentlichen Bestimmung, nämlich den gekreuzigten und auferstandenen Christus zu bezeugen.

Wir müssen die unlösbare Frage nach dem Leid in dieser Welt nicht lösen! Gott selbst löst sie nicht. Er erlöst uns aus der Verlegenheit und führt uns in der Krise, »im Angesicht meiner Feinde«, zum »frischen Wasser und erquickt meine Seele«. Das bekannteste Stück der Weltliteratur, der Psalm 23, das Bekenntnis des fast gescheiterten

Königs David, ist für unzählige Menschen zur lebensrettenden Dosis Hoffnung in der Krise geworden.

Und wenn nur die Einsicht übrig bleiben sollte, die Sören Kierkegaard wenige Tage vor seinem Zusammenbruch in Kopenhagen notiert hat:

*»Nur Menschen, die noch dann, wenn ihr bitteres Schicksal sie zum höchsten Grad von Lebensüberdruss geführt hat, … durch den Beistand der Gnade festhalten können, dass … Gott Liebe sei: nur diese sind reif für die Ewigkeit!«**

Dass Gott Liebe ist. Wenn ein Lebenskreis sich so schließt, dass die Summe unseres gesunden oder kranken Lebens im Bewusstsein der Liebe Gottes uns reif für die Ewigkeit macht, dann war es ein reiches Leben.

Ich lerne in der Hiobsgeschichte einen Gott kennen, der nicht apathisch das Leiden über die Menschen bringt, sondern das von uns angerichtete und das nicht erklärbare Leid mit uns teilt. Er wird uns sympathisch, das heißt, er leidet mit uns. Sympathie statt Apathie! Er zittert mit uns. Er kämpft mit uns um die Gesundung unseres Leibes und baut uns täglich mit Zuversicht und Hoffnung auf. Der äußere Mensch baut früher oder später ab. Die physische und psychische Degeneration verläuft unaufhaltsam. Aber der innere Mensch wird täglich regeneriert und renoviert, unser Wesen, unser Charakter, unsere Identität reift und bringt Frucht für die uns anvertrauten Menschen.

* Zitiert nach Harald von Mendelsohn: »Kierkegaard – Ein Genie in einer Kleinstadt«, Stuttgart, 1995, S. 292

Das Finale der Hiobsgeschichte ist nicht die fast märchenhafte Feststellung, dass Hiob nach der Prüfung alles doppelt und dreifach wiederbekommt. Das würde eher meine Skepsis gegenüber der literarischen Gestalt dieses Buches nähren. Vorhersagbarer könnte der Schluss nicht ausfallen, und alle Klischees einer Gute-Nacht-Geschichte wären wieder bedient.

Nein, der Höhepunkt des Finales ist das Gebet Hiobs, das Georg Friedrich Händel auf ergreifende Weise in sein Oratorium »Messias« eingefügt hat: **»Ich weiß, dass mein Erlöser lebt!« Dieses Bekenntnis soll einmal auf meinem Grab oder meiner Traueranzeige zu lesen sein. Das reicht. Das kürzeste Credo überhaupt. Ein Glaubensbekenntnis der Kompaktklasse.**

Hiob ist nicht auf die alleswissende Frömmigkeit seiner Freunde reingefallen. Er hat ihre leeren Sprüche durchschaut und ist mit Gott im Gespräch geblieben. Manchmal bis hart an die Grenze. Und doch wird ihm bescheinigt: *»In diesem allen versündigte sich Hiob nicht mit seinen Lippen« (Hiob 2,10).*

Gott hat es ausgehalten – und er hält auch uns aus. Die Frage nach dem Leid kommt ohne Jesus nicht aus. Jeder, der über Leid palavert, ohne Jesus zu erwähnen, macht leere Sprüche. Das ganze Buch Hiob schreit nach einem, der Schmerzen wegnimmt. Der Prophet Jesaja hat den Erlöser der Welt so angekündigt: *»Fürwahr, er trug unsre Krankheit und lud auf sich unsre Schmerzen« (Jesaja 53,4).* Mitten in der Verzagtheit eines verunsicherten und verzweifelten Volkes leuchtet eine Perspektive auf. Es soll einer kommen, der unsere Krankheit trägt, einer, der an unserer Maßlosigkeit kaputtgeht und sich für uns festnageln lässt. Der Messias, der Erlöser, der Heiland. Hiob wusste von einem kommenden Erlöser.

Am Buch Hiob verliert man seinen Glauben oder man gewinnt ihn. Ich buchstabiere dieses Buch und finde Heilung und Befreiung darin. Meine Erkrankung im Spiegel der Hiobsgeschichte zu sehen, hieß für mich auch mein Bibelverständnis zu prüfen. Ich habe drei Jahrzehnte versucht, die deprimierende Hiobsgeschichte schönzupredigen, die historische Zuverlässigkeit und Unantastbarkeit zu verteidigen. Ich war geneigt, das zu harmonisieren und zu idealisieren, was ich nicht mit meinem Glauben vereinbaren konnte. Im Verteidigen einer zweifelsfreien Theologie habe ich Boden verloren, den ich im Zuge meiner chronischen Erkrankung mit neuem Vertrauen in die Zuverlässigkeit des Wortes Gottes mühsam wiederentdecke. Diese Erfahrung möchte ich nicht missen.

So mussten meine vermeintlich »klare« Theologie und meine leichtgläubige Frömmigkeit durch Parkinson geschüttelt werden, damit ich vielleicht künftig näher bei den verzweifelten Zweiflern bin.

Ich habe aus der kritischen Distanz meiner Verzweiflung einen ganz neuen Zugang zur Hiobsgeschichte gefunden. Mein Vertrauen in die Zuverlässigkeit der Bibel ist gestärkt worden. Und Parkinson sorgt dafür, dass ich mich nicht mehr in alle Themen einmischen muss. Dazu fehlt mir inzwischen die Kraft. Wie gut!

**Wenn Gott mir Kraft nimmt, führt er mich damit auch von bestimmten Spiel- und Kampffeldern weg. Ich muss nicht mehr überall mitmischen.**

Die Erfahrung der abnehmenden Kraft sorgt für neue Prioritäten. Ich möchte meine physischen und psychischen Reserven für Versöhnung und Verständigung einsetzen.

# 20.
# Schatz in zerbrechlichen Gefäßen

Bei Hiob habe ich das Klagen gelernt. Und dass ich mich nicht als Bestrafter fühlen muss.

Bei Paulus, dem berühmten Völkermissionar und prägenden Theologen und Gründer der Urgemeinden, habe ich gelernt, einen Sinn in meiner Erkrankung zu entdecken. Ich schreibe mir dieses Trostbuch im Sommer 2012 von der Seele, in dem Jahr, das unter der Losung steht: **»Jesus Christus spricht: Meine Kraft ist in den Schwachen mächtig« (2. Korinther 12,9).**

In Schwachheit stark? In Ohnmacht mächtig? Wer soll das verstehen? Diese Briefnotiz des Apostel Paulus an die Gemeinde in Korinth war mir immer ein Rätsel. Ich hab darüber oft gepredigt, aber eigentlich betraf es mich ja nicht.

Der zweite Brief an die Gemeinde in Korinth ist der persönlichste aus der Korrespondenz des Apostel Paulus. Er sagt selbst, dass er ihn unter vielen Tränen geschrieben hat. Korinth war eine Gemeinde, die Paulus besonders am Herzen lag. Es war aber auch eine Gemeinde, die ihn extrem forderte. Korinth war als griechische Hafenstadt das St. Pauli des Mittelmeerraumes. Moralisch ging es da drunter und drüber, und in der jungen Gemeinde wollte man auch nicht alles zu eng sehen. So führten die Gemeindeglieder Prozesse miteinander, gemeinsame Gemeindemahlzeiten arteten zu Fress- und Sauforgien aus, einige gingen zu Prostituierten, einer lebte in einer Inzestbeziehung. Paulus beklagte, dass solche Verhältnisse noch nicht einmal bei den Heiden zu finden seien.

Gleichzeitig waren sie offen für jede Art von spiritueller Erfahrung, sie liebten das Besondere. Im ersten Brief spricht Paulus die peinlichen Details an. Im zweiten Brief geht er gar nicht mehr auf Einzelheiten ein.

Er musste seine apostolische Autorität nachweisen, denn den Korinthern war der Apostel einfach nicht eindrucksvoll genug. Nicht genug übernatürliche Erfahrungen, viel zu wenig Erfolgsmeldungen. »Wer weiß, ob der wirklich den Heiligen Geist hat?« Und ein bisschen mickrig sah Paulus vielleicht auch aus. Kein Vergleich mit den imposanten griechischen Rhetorik-Artisten, die stundenlang klug und schön reden konnten und die Massen in Verzückung brachten. Paulus bekannte sich zu seinem einfachen Redestil: Nicht mit überzeugender Rede und feingeistigem Esprit, sondern Christus den Gekreuzigten, den predigte er. Vielen Christen in Korinth war das zu wenig!

Nachdem die Korinther sich ständig ihrer besonderen religiösen Erfahrungen gerühmt hatten, stieg Paulus, vielleicht mit einem Augenzwinkern, auf die gleiche Tour ein. »Wenn sich hier schon gerühmt wird, dann kann ich auch etwas beisteuern.« Wenn die Korinther ihm schon eine

Debatte aufzwingen wollten, dann sollten sie was zu knabbern haben. So schrieb er: *»Und damit ich mich wegen der hohen Offenbarungen nicht überhebe, ist mir ein Pfahl ins Fleisch gegeben« (2. Korinther 12,7).*

Das muss die Korinther nun endgültig verwirrt haben. Gott hat die Macht gesund zu machen. Sie haben selbst die Gabe der Krankenheilung in ihrer Gemeinde, und Paulus, das große Glaubensvorbild, lebt heimlich mit einem pathologischen Befund? Das gibt's doch nicht! Christsein und Kranksein, wie passt das zusammen? Ratlosigkeit, während der Brief in der Gemeinde von Korinth vorgelesen wird. Der Apostel fühlt sich von einem Engel Satans gepeinigt. Gibt's denn so was? Dreimal hat er um Heilung gebeten und nichts ist passiert? Da fällt doch der Glaube an den Allmächtigen wie ein Kartenhaus zusammen.

Ja, so etwas gibt es! Hier und heute, nicht nur bei Paulus. Ich habe in meinem engsten Familienumfeld erlebt, dass Menschen im tiefen Vertrauen auf Gott Heilung erlebt haben. Und wir haben erlebt, dass andere endlos gelitten haben und trotzdem im Einklang mit Gott gestorben sind.

Paulus hätte gar nicht mit seiner Krankengeschichte ausgepackt, wenn die Korinther ihn nicht so provoziert hätten. Nun ist es raus. Seitdem wird geforscht, was er denn gehabt haben könnte. Epilepsie, endogene Depressionen, Magenleiden, Augenleiden? Viel Spekulation, aber kein klarer Befund. Paulus selbst trägt nichts zur Klarheit bei. Er hat kein großes Aufheben darum gemacht. Er wusste, dass diese Krankheit von Gott verordnet ist. Sie war das

Gegengewicht zu seiner außerordentlichen apostolischen Begabung. Ein Gang durch die Kirchengeschichte zeigt uns diese bedrückend einfache Gleichung: Wem viel anvertraut ist, von dem wird viel gefordert. Die bedeutenden Männer und Frauen der Christentumsgeschichte hatten meistens harte Bodenhaftung. Sie waren geerdet im Leid, in Krankheit, in wirtschaftlicher und politischer Not. Einschränkend muss man sagen, dass der Umkehrschluss nicht passt, nämlich: Wer nicht leidet, bewegt auch nichts. Viele Männer und Frauen haben in der Geschichte der Kirche und der Mission viel bewegt – ohne wirtschaftliche, seelische und körperliche Nöte.

*»Lass dir an meiner Gnade genügen; denn meine Kraft ist in den Schwachen mächtig« (2. Korinther 12,9).* Das heißt doch, dass meine Schwachheit kein Hindernis für ein erfülltes Leben sein muss und dass Gott sich meiner Schwachheit bedient, um etwas Starkes daraus zu machen. Vielleicht sind mir die größten Segnungen Gottes nicht zugänglich geworden, weil ich zu sehr auf meine eigene Kraft gesetzt habe.

Paulus erwähnt so ganz nebenbei, was die Beeinträchtigungen seiner Berufung zum Missionar und Gemeindegründer waren. Und die Risiken waren zugleich sein Kraftwerk. Aus jeder Niederlage ist Paulus gestärkt hervorgegangen.

Von radikalen Juden wurde er knüppeldick verdroschen. Er wurde mit Steinen beworfen und trieb schiffbrüchig auf einer Bootsplanke durchs Mittelmeer. Auf seinen Reisen zu Wasser und zu Land ging er durch extreme Gefahren, durchwachte Nächte in Kälte, Hunger und Durst. Anders wäre das Evangelium nicht vom Orient zum Okzident gekommen. Der Weg des Evangeliums von Jerusalem in die neue Welt, die wir heute Europa nennen, war mühsam und voller Widerstände. Paulus nutzte zwar die moderne Infrastruktur, das römische Wegenetz, so, als würde er sich heute der schnellen Kommunikationswege des Internets bedienen. Aber es war dennoch ein mühsamer Weg, kein Vergleich mit dem siegreichen und glanzvollen Ritt eines Heroldes, der die Siegesbotschaft nach Rom bringen durfte.

Paulus schreibt im ersten Brief an die perfektionslüsternen Korinther, dass Gott seine Schätze in rissigen und demolierten Gefäßen transportiert. Dieses Bild hat wahrscheinlich keiner in der Hochglanzgemeinde verstanden. Die Kraft Gottes verströmt sich durch die Risse meiner angekratzten Eitelkeit. Durch die aalglatte Fassade einer aufgesetzten Frömmigkeit verströmt sich überhaupt nichts, das stößt nur ab. Wir brauchen uns nicht zu schämen, dass der Lack ab ist.

Was gibt es Besseres, als sich in Gottes Gegenwart zu fügen? Paulus muss nicht mehr um einen schmerzfreien und durchtrainierten Körper bitten. Er rühmt sich seiner Behinderung, statt über sein Leiden zu lamentieren.

Er begreift seinen Zustand als Segnung Gottes. Segnen hat eine Wortverwandtschaft zum lateinischen signare: zeichnen! Paulus ist gezeichnet, er ist ausgezeichnet, von Gott signiert. Darum reden wir noch heute von ihm. Das heißt nicht, dass wir Gott nicht mehr um Heilung bitten sollen. Dazu können wir immer die Freiheit haben. Aber wir sollten uns nicht die besonderen Segnungen Gottes entgehen lassen, wenn er uns in unserer Schwachheit stark machen will.

Ich habe gelernt, dass meine starken Auftritte an Pult und Kanzel mein Leben eben nicht wertvoller gemacht haben. Manchmal war es gerade die Stärke, die mich auf Distanz zu den Hörern gebracht hat. Mein Leben im grünen Bereich hat andere in den roten Bereich katapultiert, ohne dass mir das bewusst war. Vielleicht habe ich sogar arrogant gewirkt, weil alles so stark war. Stärke kann isolieren und einsam machen. Schwache fühlen sich in Gegenwart starker Menschen nicht wirklich verstanden, sie empfinden sich als Zwerge unter Riesen. Das alles merkt ein Starker gar nicht, es sei denn, es findet sich ein demütiger Mahner, der ihm das in geistlicher Autorität schonend nahebringt.

Mein Leben im Kraftfeld der Stärke Gottes. Irgendwann musste ich endlich lernen, was Paulus meinte, wenn er sich seiner Schwachheit rühmt. Auf das »Wozu?« dieser Erfahrung habe ich bis heute keine Antwort, auf das »Warum?« sowieso nicht. Die Warum-Frage führt selten zur Erkenntnis.

Ich bin heute sehr dankbar, dass ich nach der neurologischen Diagnose »Parkinson« nicht ein einziges Mal nach dem »Warum?« fragen musste. Aber die Krankheit schreitet voran. Sie macht den Starken schwach. Parkinson bricht den Stolz, den starken Auftritt, die formvollendete Performance auf Bühne und Kanzel. Und da Stolz keine geistliche Tugend ist, ist das zwar ein demütigender, aber auch ganz heilsamer Nebeneffekt. Ich muss nun täglich üben, in meiner zunehmenden Schwachheit Stärke zu leben, denn seine Kraft ist in den Schwachen mächtig.

So lebe ich mit den Worten des Apostel Paulus, die er im ersten Brief an die Korinther schreibt: »*Wir haben aber diesen Schatz in irdenen (zerbrechlichen) Gefäßen, damit die überschwängliche Kraft von Gott sei und nicht von uns« (2. Korinther 4,7).* Vielleicht verströmt sich die Kraft Gottes durch die rissige Fassade meiner Behinderung viel besser als durch die aalglatte Oberfläche eines makellosen Auftrittes. Wenn das »bei rumkommt«, wenn ich angeschlagenen Menschen dienen kann, dann will ich gerne meine Last tragen.

Jetzt ahne ich, was Paulus mit »stark in Schwachheit« gemeint hat. Eine mühsame und demütigende Lektion, aber auch eine wunderbare Erfahrung der Treue und Nähe Gottes, die ich nicht mehr missen möchte. **Die Erfahrung von Schwäche macht mich barmherziger, vielleicht auch geduldiger. Tempo ist nicht mehr so wichtig, Gesundheit nicht alles, ein zitterfreier Auftritt keine Bedingung für einen überzeugenden Dienst.** Die Sache Gottes ist nicht durch unsere Ohnmacht gefährdet, vielleicht eher durch unsere Macht.

## 21.
# Einsichten und Aussichten

Was kann ich meinen Parki-Genossen und allen, die mit Leid konfrontiert und im Zweifel stecken geblieben sind, sagen? Was habe ich in diesen vier Jahren gelernt?

Wenn mich dienstliche Anfragen für die nächsten Jahre und darüber hinaus erreichen, fällt meine Antwort immer dreifach aus:

- Gern!
- So Gott will!
- Falls Herr Parkinson nichts dagegen hat.

Das »So Gott will« gilt ohnehin für jeden von uns, ob gesund oder noch nicht ausreichend untersucht. Ich verwende diese Formel gern, weil damit die Prioritäten meiner Lebensplanung klar beschrieben sind. Mein dienstlicher und privater Kalender wird von mir verwaltet, mehr nicht. Gestaltet wird er von Gott, der über die Gestalt und Gestaltung meines Lebens wacht. Wie befreiend ist diese Einsicht! Ich sterbe einzig und allein am Willen Gottes. Sachlich betrachtet, als Momentaufnahme, sprechen 49 Prozent Zweifel dagegen, 51 Prozent Glaube sprechen dafür. Mit Abstand betrachtet und in der Gesamtschau meines Lebens kann ich mit Paulus sagen: *»Ich bin* *gewiss, dass mich nichts von der Liebe Gottes trennen kann« (Römer 8,38)*. Das gibt meinem brüchigen Leben eine tiefe Qualität: ein Leben jenseits vom Beben.

Parkinson kann mich nicht meiner Berufung entheben. Körperliche Hinfälligkeit begrenzt körperliche Freiheit, aber in der inneren Haltung bin ich ein freier Mensch! Darum kann ich dem Karmeliterbruder Lorenz (1610–1691) nur zustimmen, wenn er bekennt:

*»Man muss Gott in heiliger Freiheit dienen!«*[*]

Bruder Lorenz stammte aus Lothringen. Er kämpfte im Dreißigjährigen Krieg und trat danach – körperlich geschwächt – in das Pariser Karmeliterkloster ein. Den größten Teil seines Dienstes verbrachte er in der Küche und der Schusterwerkstatt des Klosters, nicht auf der Kanzel. Ein unscheinbares Leben. Aber Lorenz konnte schreiben, und so hielt er seine Erfahrungen mit Gott fest. Ich trage seine Zitate bei mir und vertiefe mich immer wieder darin. »Ich habe bei allen meinen Arbeiten nur das Ziel verfolgt, alles aus Liebe zu Gott zu tun!«

Diese Freiheit, alles aus Liebe zu Gott zu tun, macht unser Leben unendlich reich. Ob gesund oder krank, ob bedeutend oder unbedeutend, gefragt oder in Vergessenheit geraten.

Ich fasse einige Einsichten zusammen, die auch gleichzeitig meine Zuversicht begründen und derzeit, im Sommer 2012, meine Aussichten beschreiben:

* Bruder Lorenz, Reinhard Deichgräber, »All meine Gedanken sind bei dir – In Gottes Gegenwart leben«, Neufeld, Schwarzenberg, 2009

- Ich bekenne mich zu einem bewusst dankbaren Lebensstil. Ich lebe heute. Heute war ein guter Tag, weil ich im Frieden mit Gott leben durfte und Herr P. mit seinem Zitterregiment berechenbar geblieben ist. Ein guter Tag, weil Menschen in meiner Umgebung geduldig waren, die Medikamente ihre Wirkung nicht verfehlt haben und ihre Nebenwirkungen erträglich geblieben sind. Und **was morgen sein wird, überlasse ich dem, der Initiator und Vollender meines Lebens ist.**
- Ich lasse mich gern überraschen, aber ich weiß, dass Gott durch Ärzte, Therapeuten und Pharmaforscher längst heilend an mir handelt. Ich warte nicht auf den Tag X einer spektakulären Heilung. Ich erlebe doch jetzt schon täglich das Wunder meiner Heilung, weil meine Psyche heil ist, die Seele getröstet und das bebende Gerüst meiner Physis erstaunlich stabil bleibt.
- Ich gehe entschlossen auf Distanz zu materiellen Werten und freue mich an dem, was unvergänglich ist. Ich lebe bewusst jetzt schon auf Abschied hin, auf ewige, zitterfreie Gemeinschaft mit Gott.
- Ich fühle mich nicht als von Gott bestraft oder schicksalhaft betroffen. Im Gegenteil: Nach der Beschäftigung mit Hiob fühle ich mich bevorzugt, gesegnet und berufen, anderen Mut zu machen, zu trösten und zu verbinden.
- Die Frage, warum Gott das zugelassen hat, stellt sich mir nicht. Auch nicht die Frage nach dem Wozu.

> Glauben heißt für mich, mich in Gott zu bergen, mich ihm immer wieder zweifelnd zu nähern und im Glauben ein Fundament unter meine zittrige Existenz zu bekommen. Das reicht. Diese Gewissheit bewirkt und begründet meine Hoffnung.

Ich kann weder Mikado spielen noch mit Stäbchen essen und auch keine Bäume mehr ausreißen. Und um beim Holz zu bleiben: Die jährlich benötigten fünf Raummeter Buche und Eiche für unseren Kachelofen muss ich nicht mehr schweißtreibend hacken. Das erledige ich jetzt komfortabel mit einem hydraulischen Spalter. Übrigens, wer mit solch einem Gerät arbeitet, hat kein Interesse mehr an Haarspaltereien.

Also: Ich freue mich des Lebens trotz zunehmender Einschränkung meiner körperlichen Funktionalität. Zitternd und zagend, aber dankbar und zuversichtlich blicke ich auf 60 Jahre erfülltes Leben zurück.

Ich habe es Papst Gregor XIII. zu verdanken, dass ich ein kalendarisches Unikat bin, denn der führte 1582 einen neuen Kalender, der mir nur alle vier Jahre einen Geburtstag beschert. Demnach habe ich im Jahr dieses Buchprojektes meinen 15. Geburtstag gefeiert. 45 Mal war mein Geburtstag ein kalendarischer Totalausfall. Der 29. Februar war unauffindbar. Spezielle Freunde haben mich öfter mal exakt um Mitternacht angerufen, sogar als wir in Chicago lebten. Aber am 1. März habe ich nie gefeiert, weil ich darauf bestehe, ein Februar-Kind zu sein. Der Beamte meines Heimatortes hatte meinem Vater allen Ernstes vorgeschlagen, meine Geburt einfach mal locker falsch zu dokumentieren, also ein paar Stunden nachzudatieren auf diesen eher gewöhnlichen 1. März. Aber das lehnten mein Vater (1900–1990) und meine 25 Jahre jüngere Mutter entschieden ab. Das Leben ihres zweiten Sohnes sollte nicht auf einer Lüge aufgebaut sein. Das war eine gute Entscheidung!

Meine Eltern hatten eine Leidenschaft, die immer vor den geschäftlichen Zielen rangierte: *»Trachtet zuerst nach dem Reich Gottes und nach seiner Gerechtigkeit, so wird euch das alles zufallen« (Matthäus 6,33).* Dieses Zitat Jesu aus der Bergpredigt wurde auch zum Programm meines Lebens.

Meine 60 Jahre gleichen einer Pilgerreise durch einen bunten Garten der christlichen Lebensgestaltung. Die biblischen Geschichten aus meiner Kindheit und das Vorbild meiner Eltern haben den Kurs bestimmt. Auf dieser Reise habe ich viel Toleranz, Barmherzigkeit, Respekt und Unterscheidungsvermögen gelernt. Ich genieße die vitale Vielfalt der christlichen Kirchen und leide daran, wenn die Einheit der Vielfalt beklagt und bekämpft wird.

Mich hat immer die Frage bewegt, was ich von anderen Glaubensgemeinschaften und Weltanschauungen lernen kann. Mich haben meist die Bücher interessiert, vor denen gewarnt wurde.

Mit großem Interesse verfolge ich den neuen argumentativen, aggressiven und geradezu missionarischen Atheismus, der sich so verletzt zeigt, dass er sogar antichristliche Kampagnen initiiert. Man muss heute schon einen starken Glauben haben, um in dieser so verunsicherten Zeit überzeugt Atheist zu sein. Mich interessiert, warum Menschen Gott, Glaube und Kirche hinter sich lassen und doch nie ganz davon loskommen.

**Darum möchte ich gern noch ein paar Brücken bauen. Brücken zwischen Zweiflern und Bekennern, zwischen Atheisten und Frommen.** Brücken zu Agnostikern und Esoterikern, Brücken zu den Opfern einer vehementen und enthusiastischen Frömmigkeit und zu den Enttäuschten einer harmlosen und weichgespülten Religiosität.

Ich möchte zitternd, zweifelnd und fragend diese Brücken bauen. Keine Bollwerke vollmundiger Beweise und schlüssiger Konzepte, keine Blockaden der vermeintlich reinen Lehre. Diese Frontstellungen provozieren immer Sieger und Verlierer. Mehr und mehr möchte ich es bewusst in der Gebrochenheit des gekreuzigten Heilandes tun. Mit Furcht und Zittern. Im Bewusstsein, dass unsere Erkenntnis immer vorläufig und unser Wissen immer Stückwerk ist. Das wäre evangeliums- und jesusgemäß!

Die erfahrene Barmherzigkeit Gottes hat mich barmherzig gemacht, sodass ich aus dem Chor der Empörten ausgetreten bin. Es gibt zu viele Empörte, auch und gerade unter Christen. Was fehlt, sind barmherzige Träger der Hoffnung, stille Mahner und Versöhner, Beter und Diener. Und die müssen äußerlich nicht gesund sein, von innen heil sein reicht. Deren Vollmacht besteht in einer geheimnisvollen Ohnmacht. Diese sind es, die die Welt nachhaltig verändern.

Wer empört brüllen will, zornig aufmarschieren und draufhauen, der muss physisch fit sein, zitterfrei und faltenfrei. Da kann man keine Parkis gebrauchen. Die Zitterleute stehen nur noch selten auf der Bühne, für die erste Reihe in der Demonstration reicht es nicht mehr. Aber sie können ihre Berufung »backstage« leben, hinter der Bühne, als weise und erfahrene, geschüttelte und gerührte Berater.

Ich möchte im Namen des Heilandes einen kleinen Beitrag zur Heilung des Landes leisten. Als chronisch Kranker, als zitternder Zeuge einer inneren Heilung, die ein wankendes Leben hält und trägt.

**Ich kann wieder glauben, dass ich trotz Parkinson vielleicht die beste Zeit meines Lebens noch vor mir habe.**

- Nicht eine erfolgreiche, aber eine folgenreiche Zeit.
- Nicht eine furchtlose, aber eine tapfere Zeit.
- Nicht eine gesunde, aber doch eine geheilte Zeit.
- Nicht eine zweifelsfreie, aber dennoch keine verzweifelte Zeit.
- Nicht eine überzeugte, aber doch eine zeugnishafte Zeit.
- Nicht eine Zeit der Empörung, sondern des Erbarmens.

Ich bin allerdings auch ganz nüchtern darauf eingestellt, dass ich möglicherweise die schwerste Phase meines Lebens noch vor mir habe.

Ich hatte den Skeptikern des christlichen Glaubens angekündigt, sie weder bekehren noch überzeugen zu wollen. Ich wollte nur bezeugen, wie der Glaube meinen Umgang mit P. beeinflusst und wie P. meinen Glauben geschüttelt hat. Das kann man übernehmen und testen, oder aber weiter überzeugt im Anti-Modus oder locker nach allen Richtungen offen im Neutral-Modus leben.

Ich verabschiede mich von denen, die auch nach dieser oder vielleicht sogar wegen dieser Lektüre im Zweifel gegen den Angeklagten entscheiden, den Gott, den man so gern für alles Elend dieser Welt verantwortlich macht – mit einer bemerkenswert »vernünftigen« Einsicht von Paul Schütz (1968):

*»Es gibt, genau durchdacht, keinen Vernunft-Grund, um dessentwillen man Christ ist. Es gibt aber Gründe genug, um dessentwillen man keiner ist. Ein Christ sein heißt die Anfechtung bejahen, weil die Anfechtung der Ort ist, in dem der Glaube entsteht und glaubhaft bleibt.«**

Kein vernünftiger Grund für den christlichen Glauben!

Aber wer von uns ist schon vernünftig?

Wenn die Menschheit vernünftig wäre, hätten wir schon jetzt den Himmel in Reinkultur. Weil wir aber auch die Hölle auf Erden haben, braucht es Menschen, die sich »unvernünftig« für den Himmel – auch auf Erden – engagieren.

Die Welt und Zeit gestalten, ob gesund oder eingeschränkt, das Leben wertvoll leben, das ist es, was wir in Gottes Namen tun können.

- Die universale Werteordnung ist da – die Bibel.
- Das Vorbild ist da – Jesus Christus.
- Die Filialen der Liebe Gottes sind auch da – seine

* Paul Schütz, »Warum ich noch Christ bin«, Pattloch, Augsburg, 1996, S. 23

Kirche vor Ort in allen christlichen Denominationen. Beste Voraussetzungen für ein Stück Himmel auf Erden.

Wenn ich mit diesen Zeilen einigen Kranken und Gesunden, einigen vernünftigen Zweiflern und unvernünftigen Alleswissern, einigen vom Glauben Abgefallenen und an Gott Verzweifelten Mut und Hoffnung machen konnte, dann war es eine gute Idee, in jener schlaflosen Nacht im Mai mit diesem Buch begonnen zu haben.

So betrachtet, ist das Gebet des kleinen Jirjen vor 50 Jahren doch nicht verloren gegangen.

# Epilog

Ich habe dieses Buch auf die charmant-beharrliche Bitte des Verlegers Ralf Markmeier hin in Angriff genommen. Ohne ihn hätte ich nicht angefangen. Ich war mir nicht sicher, ob ich Redner gleichzeitig auch als Schreiber tauge. In Essays, Biografien und Fachartikeln bin ich zu Hause, aber ein ganzes Buch über mich und meine Erkrankung zu verfassen, das lag mir fern. Nach einem ersten Testkapitel habe ich Mut gefasst und losgelegt. Da die feinmotorische Koordination der linken Hand nicht mehr funktioniert, war ich gezwungen, mit einem Finger zu tippen. An diese Art von Sport habe ich mich erstaunlich schnell gewöhnt.

Das Schreiben dieses Buches war ein Befreiungsschlag wider die Angst und die Sorge. Die Arbeit hat mich in jeder Hinsicht in die Weite geführt. Als notorischer Frühaufsteher konnte ich meistens morgens beim Sonnenaufgang schreiben und abends das Geschriebene in der Abendsonne auf der Terrasse reflektieren.

Nun werden die Tage wieder kürzer. Es riecht schon nach Herbst, das nehme sogar ich als Geruchsinvalide wahr. Bald werde ich den Kachelofen schüren. Ich höre bereits das besinnliche Knacken und Knistern. Wir werden bei Tee und Kerzenschein zusammensitzen und lesen.

Die laute Sommermusik wird zum Ende des Kirchenjahres leiser und besinnlicher, bis am Abend des Ewigkeitssonntags das »Jauchzet, frohlocket« des Weihnachtsoratoriums unsere Ohren und Herzen wieder mit neuer Hoffnung fluten wird.

Der unangenehme Herr Parkinson wird auch da sein, aber wir schenken ihm immer weniger Beachtung. Ich habe diesem hinterlistigen Schurken in diesem Buch eine kräftige Abfuhr erteilt.

Ich freue mich auf den Besuch unserer Kinder und Enkelkinder. Ihre unbeschwerte Fröhlichkeit motiviert mich mehr als alles andere. Ich werde zuschauen, wenn sie Mikado spielen.

Marburg, am 31. August 2012

**Ich glaube,**
daß Gott aus allem, auch aus dem Bösesten,
Gutes entstehen lassen kann und will.
Dafür braucht er Menschen,
die sich alle Dinge zum Besten dienen lassen.
**Ich glaube,**
daß Gott uns in jeder Notlage
soviel Widerstandskraft geben will,
wie wir brauchen.
Aber er gibt sie nicht im voraus,
damit wir uns nicht auf uns selbst,
sondern allein auf ihn verlassen.
In solchem Glauben müßte alle Angst
vor der Zukunft überwunden sein.
**Ich glaube,**
daß auch unsere Fehler und Irrtümer
nicht vergeblich sind,
und daß es Gott nicht schwerer ist, mit ihnen
fertig zu werden, als mit unseren
vermeintlichen Guttaten.
**Ich glaube,**
daß Gott kein zeitloses Fatum ist,
sondern daß er auf aufrichtige Gebete
und verantwortliche Taten wartet und antwortet.

Dietrich Bonhoeffer*

* Dietrich Bonhoeffer, Widerstand und Ergebung. © 1998, Gütersloher Verlagshaus, Gütersloh, in der Verlagsgruppe Random House GmbH

# Literaturempfehlungen des Verfassers

**Vor Beginn des Projektes** habe ich zwei Bücher als Ansporn für meine Kreativität gelesen:

»Samuel Koch – Zwei Leben« von Christoph Fasel, 2012 bei adeo erschienen. Diese erschütternde und zugleich hoffnungsgeladene Geschichte war mir Motiv und Motivation.

»Zitterpartie« von Stefan Berg aus der Reihe Edition Chrismon, 2011: Der 47-jährige SPIEGEL-Journalist leidet selbst an Parkinson. Nach der Lektüre dieses Buches wusste ich, dass ich ein Trost- und Ermutigungsbuch schreiben muss, das aus der Kraft des Glaubens schöpft.

**Während des Projektes** habe ich zwei Bücher gelesen, die mich inspiriert haben, ein theologisches Werk und ein biografisches:

»Der gekreuzigte Sinn – Eine trinitarische Theodizee« von Werner Thiede, eine der besten wissenschaftlichen Abhandlungen zur ungelösten Frage nach dem Leid in dieser Welt, 2007 im Gütersloher Verlagshaus erschienen.

»Der Geschmack von Blau«, eine Autobiografie von Susanne Krahe, 2011 bei Aussaat, Neukirchen, erschienen. Die Theologin verlor im dreißigsten Lebensjahr ihr Augenlicht. Dieses Buch hat mich sehend gemacht.

Während des Schreibens habe ich – wie jeden Sommer – zum körperlichen Ausgleich das Holz für den Kachelofen gesägt, gespalten und akkurat aufgestapelt und so ganz nebenbei den Mitschnitt einer Vortragsserie von Prof. Dr. Siegfried Zimmer über das Buch Hiob gehört. Er hat mir die »Hiobsbotschaft« neu erschlossen und ans Herz gelegt.

**Nach Fertigstellung des Manuskriptes** werde ich endlich »Comeback – Parkinson wird nicht siegen« lesen, das Buch von Michael J. Fox, dem US-Schauspieler, der mit 30 Jahren diagnostiziert wurde. Er hat gerade angekündigt, wieder zurück vor die Kamera zu kommen. Ein echter Mutmacher!

# Danke

- meiner Frau Heike, unseren Schwiegertöchtern und unseren drei Söhnen, allen voran Wilhelm Andreas, der mich zum Schreiben dieses Buches aufgefordert hat. Er, mein Bruder Wilhelm Mette und auch mein Cousin Dr. Dirk Schmalenbach haben dieses Projekt intensiv begleitet und mir wertvolle Hinweise gegeben.
- meinem Verleger Ralf Markmeier, der mich ermutigt und herausgefordert hat, trotz aller Bedenken an die Arbeit zu gehen.
- meiner Mitarbeiterin Steffi Höneck für die Erstkorrektur und meinem Freund und Kollegen Bernhard Matzel für das intensive Mühen um textliche Details und die gründliche Endredaktion.
- meinem Vorstandskollegen Dan Peter für die Motivation und das Vorwort.
- meinem Dozentenkollegen Prof. Dr. Thorsten Dietz für den fachlichen Rat.
- meinem Freund und Berater Steve Volke für die Begeisterung, mit der er auf die ersten Entwürfe reagiert hat, und für die wertvollen Anmerkungen.
- meiner Nachbarin Anni Acker, die sich freundlicherweise – quasi von Terrasse zu Terrasse – als Testleserin zur Verfügung gestellt hat.

- meinen Neurologen Dres. Sigrid und Jürgen Rieke und PD Dr. Karla Eggert. Dr. Jürgen Rieke danke ich insbesondere für den Gastbeitrag.
- meinen Parki-Genossen, die mit mir auf dem Weg sind und mit unserem berühmten Vorbild Michael J. Fox bekennen: Parkinson wird nicht siegen!

# Gastbeitrag von Dr. med. Jürgen Rieke

**Motivation kann so viel bewegen**

Als sich Jürgen Mette zum ersten Mal in meiner Sprechstunde vorstellte, erlebte ich einen Mann, der sich in ziemlicher Verzweiflung befand. Nachdem wir uns ein wenig kennengelernt hatten, verstand ich schnell, warum das so war. Vor mir saß ein Patient, dem depressive Stimmungen aus eigener Erfahrung fremd waren und der noch nie erfahren hatte, was es bedeutet, morgens traurig zu erwachen und abends mit feuchten Augen einzuschlafen. Seitdem ihm die Diagnose Parkinson mitgeteilt worden war, war der Glanz aus seinem Leben gewichen. Er spürte nur die neuen Handicaps, und alles, was ihn bisher motiviert hatte, schien für ihn fragwürdig und durch die völlig unbekannte Erfahrung von zitternder Schwäche infrage gestellt.

Da mein Patient mich ausdrücklich darum bat, ihn offen und ohne irgendetwas zu beschönigen über seinen Zustand und die zu erwartende Zukunft aufzuklären, war es nicht schwer, ihm die speziellen Risiken und Perspektiven einer Parkinsonerkrankung nahezubringen.

Sein Angebot, er könne ja kürzer treten, wurde von mir rundweg abgelehnt. Ich sah keinen Grund zu übermäßiger

Schonung. Vor allem deshalb nicht, weil ich spürte, dass in seinem Fall Schonung in Verbindung mit Angst immer die Gefahr der Resignation mit sich bringen würde.

Viel wichtiger war es mir, meinen Patienten zu motivieren. In diesem Zusammenhang erinnerten wir uns an Persönlichkeiten wie Papst Johannes Paul II., Muhammad Ali oder Billy Graham, die trotz ihrer Erkrankung eine wichtige Rolle im öffentlichen Leben spielten.

Bert Brecht hat gesagt: »Wer kämpft, kann verlieren. Wer nicht kämpft, hat schon verloren.« Und von Augustin stammt der Satz: »Du kannst in anderen nur entzünden, was in dir selber brennt!«

Brecht ist extrovertiert und fordert die Auseinandersetzung. Augustinus ist introvertiert und fordert das Selbst in uns, fordert die Reflexion, den kritischen Diskurs mit uns selbst.

Beide wenden sich an den Hörer dieser Worte, werden ganz direkt, ohne Umschweife, und veranlassen uns, etwas zu tun, gezielt und planvoll zu handeln. Dieses Handeln hat komplexe Voraussetzungen, auf die nicht explizit eingegangen wird, die wir aber als Herausforderung spüren. Sigmund Freud hat schließlich die Libido als Lebenstrieb entdeckt, der den Kontext herstellt für unser Handeln im Rahmen unserer Möglichkeiten und Ziele. Dieser Lebenstrieb stimuliert aus dem Es das Ich und das Über-Ich. In Fortsetzung dieses Meilensteines der Psychoanalyse werden Hypothesen entwickelt über die Entstehung unserer Bemühungen, unseres Wollens, unserer Anstrengungen und Auseinandersetzungen mit der sogenannten Realität. Motivation wird als Maß persönlicher Anstrengung verstanden und gilt als Grundbedürfnis menschlichen Verhaltens.

In der Psychologie spielt die Motivationsforschung eine herausragende Rolle: Intrinsische Motivation betrifft mich selbst in meinem Innersten (Freude), extrinsische Motivation sucht den persönlichen Vorteil oder die Schadensvermeidung. McClelland gelingt dazu der neurobiologische Beweis: Es sind die Neurotransmitter Dopamin und Norepinephrin und das Hormon Vasopressin, die im Sinne des internen und externen Selbstverständnisses zentral steuern. Die wissenschaftliche Literatur zum Thema Motivation wächst ohne ein erkennbares Ende des Wissenszuwachses über Wichtigstes, das uns betrifft.

Inzwischen gibt es den Beruf des Motivationstrainers, der, so heißt es, mit seinem Wissen und seiner Kunstfertigkeit über unseren Erfolg im Beruf, in der Familie, im privaten Glück wesentlich mitentscheidet und die soziale Erfolgskurve unseres Lebens mitverantwortlich prägt.

Olympia in London hat uns im Sommer 2012 vor allem deswegen berührt, weil wir vielfach Zeuge intrinsischer Motivation wurden. Manchmal unfassbar, erlebten wir mit, was Willens- und Kraftanstrengungen für schier unermessliche Weiten, Höhen und Zeiten erbrachten. Nach manchen Disziplinen waren wir Zeugen ekstatisch auftretender Wettkämpfer, die ihre – intrinsische, aber auch extrinsische Motivation – geradezu hinausschrien. Es wurde von Helden gesprochen, Helden, die andere besiegten, niederkämpften (Brecht) oder sich selbst bezwangen (Augustinus). Der Volksmund spricht vom inneren Schweinehund, den es zu besiegen gilt.

Patienten möchten in erster Linie Krankheit besiegen – sie lassen sich ganz bewusst auf einen Kampf ein und besiegen oft, trotz der zeitgleich sie bedrängenden Angst, den Feind, der das eigene Leben bedroht, und am Ende auch diese Angst, die klein und mutlos macht, die lähmt, den Behauptungswillen erschüttert und uns im Mark trifft.

Der Volksmund sagt auch, dass das Leben ein Kampf ist, und meint damit – durchaus nicht ängstlich –, dass gekämpft werden muss, dass das Kämpfen dazugehört, ja, dass das Kämpfen das Leben eigentlich erst ausmacht.

Motivation scheint also etwas zutiefst Kämpferisches zu sein, das sich nach innen und außen richten kann, unser Wollen trägt, unsere Entscheidungen umzusetzen hilft, und, ganz wesentlich, etwas mit innerer Befriedigung und innerem Frieden zu tun hat, wenn wir am Ende gesiegt haben. Wenn wir so formulieren, klingen unsere Aussagen philosophisch, auch pastoral. Und dennoch: Diesen Text kann man mit gleicher Aussage, mit gleichem Gehalt neurobiologisch, neuropsychologisch, neuroethisch und psychoanalytisch formulieren.

Motivation ist ein Grundbedürfnis, eine Kraftquelle, wenn sie mit tiefstem Wollen einhergeht; sie bricht Mauern in den Köpfen der Menschen, lässt Haftstrafen von Dissidenten in vielen Staaten unserer Welt ertragen, überwindet Hindernisse in unwirtlichen Regionen, lässt Naturkatastrophen überleben, die dem Außenstehenden in ihren Folgen als schier unerträglich erscheinen.

Motivation ist der Transmissionsriemen zwischen unserem Wollen und unserem Handeln; fehlt er, ist Scheitern unvermeidlich. In der Neurobiologie sprechen wir dann von einer dysexekutiven Störung, die Handlungskonzepte bei vielen Erkrankungen des Gehirns im Ansatz stecken bleiben lässt.

Motivation ist der Kitt zwischen uns und der Welt, lässt uns extrovertieren, lässt uns die Welt erobern, wie es Alexander der Große gezeigt hat, bis Sumpffieber seinem Leben ein Ende setzte. Damit sei ausdrücklich verwiesen auf die Möglichkeit des Scheiterns auch der umfassendsten, grenzenlos scheinenden Motivation.

Glaube soll Berge versetzen können, das steht schon in der Bibel. Keiner zweifelt daran und versucht sich jeden Tag an einem kleinen Stück Berg. Jeder sei ein Individuum, unverwechselbar, sagt der Volksmund, und weiß auch als nicht wissenschaftlich Tätiger um die Richtigkeit dieser Aussage. Insofern sind wir Einzelkämpfer mit unserer intrinsischen/extrinsischen Motivation. Macht das die Faszination des großen Fußballs aus, dass wir uns endlich einmal nicht als Einzelkämpfer (auch passiv), sondern als Teamplayer erleben können – mit dem Daumendrücken für die anderen und uns selbst, weil es ja unser Verein ist, der kämpfen muss und siegen soll (extrinsische Motivation)?

Wir drehen und wenden es, wie wir wollen, und landen doch wieder bei der Neuropsychologie des Gehirns als Verwalter unserer Motivationen und ihrer Quellen.

Ich finde es beruhigend, dass wir so vieles kennen, aber auch so vieles nicht wissen. Zum Glück hindert uns unser

Nichtwissen nicht daran, mit Motivation der Wirklichkeit zu begegnen und immer wieder auch mal als Sieger den Kampfplatz zu verlassen (extrinsischer Sieg). Diese häufig kleinen Siege machen am Ende das Lebensglück, Zufriedenheit und Demut aus (intrinsische Erfolge), Letztere als tiefste Erkenntnis unserer bescheidenen Größe und Vermögen, über die wir gelegentlich hinauswachsen, weil es das gibt, was die Wissenschaft Motivation nennt.

MIX
Papier aus verantwortungsvollen Quellen
FSC® C014496

Verlagsgruppe Random House FSC® N001967
Das für dieses Buch verwendete FSC®-zertifizierte Papier
*EOS* liefert Salzer, St. Pölten.


Die Bibelzitate wurden der folgenden Bibelübersetzung entnommen:
Die Bibel nach der Übersetzung Martin Luthers
in der revidierten Fassung von 1984.
Durchgesehene Ausgabe in neuer Rechtschreibung.


1. Auflage Januar 2013
2. Auflage Februar 2013
3. Auflage Mai 2013
4. Auflage September 2013
Bestell-Nr. 816762
ISBN 978-3-86591-762-1

Umschlaggestaltung: Björn Steffens
Umschlagfoto: sasha pfeffer photography
Satz: Uhl + Massopust, Aalen
Druck und Verarbeitung: GGP Media GmbH, Pößneck
Printed in Germany